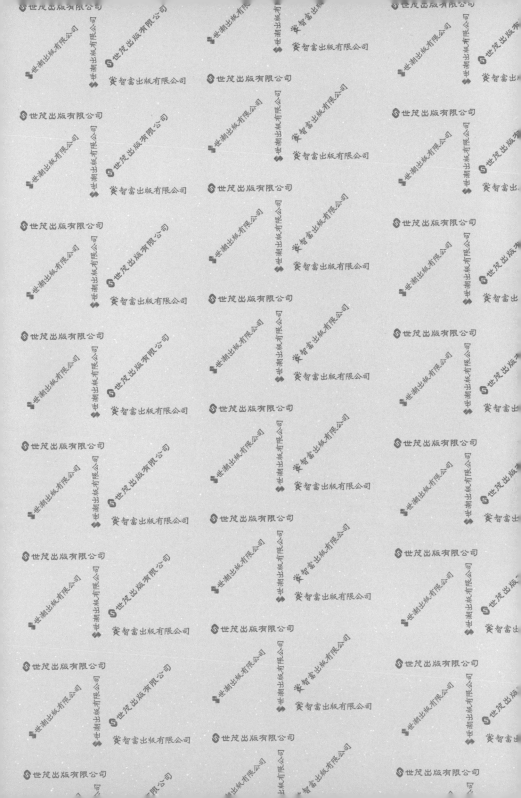

般若心經成功密碼

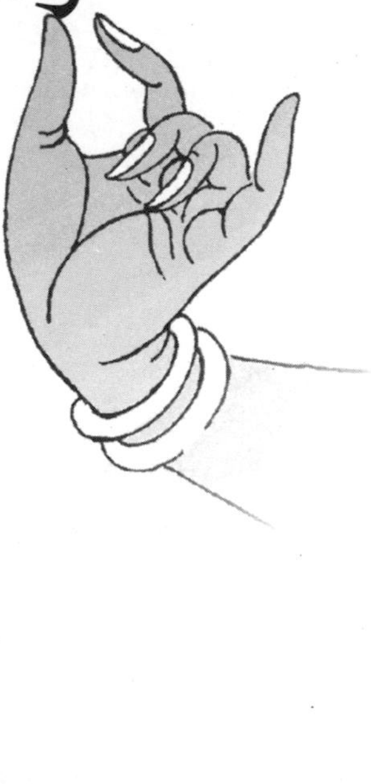

松本幸夫◇著

劉雪卿◇譯

本書原名為《般若心經的100成功法則》
現易名為《般若心經成功密碼》出版

前言

有人說，二十一世紀是「心」的時代。的確，物質萬能主義的時代已經過去了，而「般若心經」才是能使我們解放「心」的武器。

本書不單是當作「知識」的般若心經，更將其重點置於「實踐」，可說是「般若眞行」的內容。

希望考上理想的學校、希望事業鴻圖大展、希望家庭幸福美滿，這是「當然」的結果。只要你閱讀本書，確實做到，當然就能晉身成功者行列。

利用般若心經實現願望的技巧，共有五大方法，我將之稱作「五大力」。只要實行這五大技巧，就能實現你的夢想。

我要教導各位的就是能實現願望的秘法。就從現在開始吧！

摩訶般若波羅蜜多心經
mó hē bō rě pō luó mì duō xīn jīng

觀自在菩薩。行深般若波羅蜜多時。
guān zì zài pú sà xíng shēn bō rě pō luó mì duō shí

照見五蘊皆空。度一切苦厄。舍利子。
zhào jiàn wǔ yùn jiē kōng dù yí qiè kǔ è shè lì zǐ

色不異空。空不異色。色即是空。
sè bù yì kōng kōng bù yì sè sè jí shì kōng

空即是色。受想行識。亦復如是。
kōng jí shì sè shòu xiǎng xíng shì yì fù rú shì

舍利子是諸法空相。不生不滅。
shè lì zǐ shì zhū fǎ kōng xiàng bù shēng bù miè

不垢不淨。不增不減。是故空中。
bù gòu bù jìng bù zēng bù jiǎn shì gù kōng zhōng

無色無受想行識。無眼耳鼻舌身意。
wú sè wú shòu xiǎng xíng shì wú yǎn ěr bí shé shēn yì

無色聲香味觸法。無眼界乃至無意識界。
wú sè shēng xiāng wèi chù fǎ wú yǎn jiè nǎi zhì wú yì shì jiè

無無明亦無無明盡。乃至無老死。
wú wú míng yì wú wú míng jìn nǎi zhì wú lǎo sǐ

亦無老死盡。無苦集滅道。無智亦無得。
yì wú lǎo sǐ jìn wú kǔ jí miè dào wú zhì yì wú dé

以無所得故。菩提薩埵。依般若波羅蜜多故。
yǐ wú suǒ dé gù pú tí sà duǒ yī bō rě pō luó mì duō gù

心無罣礙。無罣礙故。無有恐怖。
xīn wú guà ài wú guà ài gù wú yǒu kǒng bù

遠離顛倒夢想。究竟涅槃。
yuǎn lí diān dǎo mèng xiǎng jiù jìng niè pán

三世諸佛。依般若波羅蜜多故。
sān shì zhū fú yī bō rě pō luó mì duō gù

得阿耨多羅三藐三菩提。故知般若波羅蜜多。
dé ā nòu duō luó sān miǎo sān pú tí gù zhī bō rě pō luó mì duō

是大神咒。是大明咒。是無上咒。
shì dà shén zhòu shì dà míng zhòu shì wú shàng zhòu

是無等等咒。能除一切苦。真實不虛。
shì wú děng děng zhòu néng chú yí qiè kǔ zhēn shí bù xū

故說般若波羅蜜多咒。即說咒曰。
gù shuō bō rě pō luó mì duō zhòu jí shuō zhòu yuē

揭諦揭諦。波羅揭諦。波羅僧揭諦。
jiē dì jiē dì pō luó jiē dì pō luó sēng jiē dì

菩提薩婆訶。般若心經。
pú tí sà pó hē bō rě xīn jīng

目錄

般若心經

般若心經

般若心經

實現願望的五大秘法（五大力的技巧）

這五項是使你成功的秘法。

唸經……出聲吟誦般若心經

看經……看二七六個文字

抄經……抄寫經文

默讀經……不出聲地默讀

聽經……聽般若心經

不必每次全部都做，可以互相搭配組合，最重要的是練習到成爲日常習慣。

只要熟習五大力的技巧，就能召喚驚人的幸運到來，任何願望皆能實現。這種神秘的力量就在「五大力」中。

若將潛意識比喻成冰山，那麼我們的顯意識不過是冰山的一角。其餘大部分仍沈睡著的力量，是水面下的冰塊，也就是潛意識。

「只要運用潛意識就能成功」這句話是很有道理的，但不容易辦到。一定要有一些輔助工具。

請好好運用「般若心經」，當作激發潛意識的輔助工具。希望你能藉此成爲千萬富翁、大人物、成功者，擁有美好的人生。

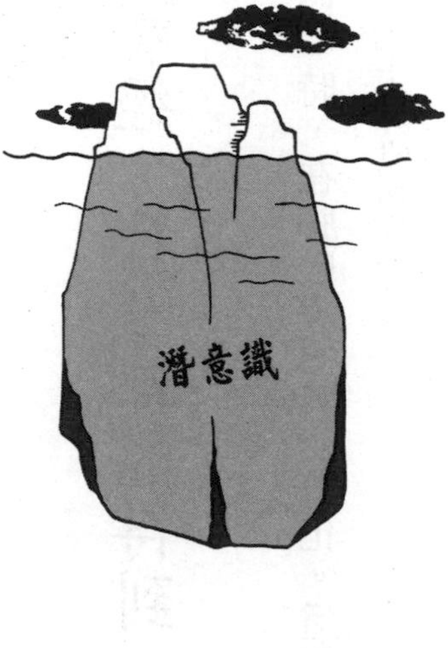

2

只要藉著看經，什麼都能得到

當我們「看東西」時，在腦中會使其映像化。這個「映像」、「想像」在潛意識活用上非常重要。

如果能在腦中的螢光幕上清楚地想像出來，則潛意識一定能夠實現。這是我在專家們那兒經常聽到的理論。例如「別墅」、「遊艇」、「轎車」等，只要持續想像就可以了。如果能將自己擁有這些東西的畫面加以映像化，就更能心想事成了。

那麼「看」般若心經，與潛意識活用又有什麼關係呢？

「看經」並不是逐字逐句地看，而是全文觀之。請將般若心經全文影印縮小，隨身攜帶，有空時就拿出來看，同時心裡想著想要的東西。比起光是想像，一邊凝視般若心經一邊想像，效果倍增。

當然，光看般若心經亦可。影印全文貼在牆壁上，早上出門前凝視三十秒，那麼這天的心情會非常美好。

想要「考試及格」、「必勝」、「達到目標業績」，學生、上班族可以抄下般若心經全文，貼在牆壁上，這與「看經」非常類似。但實際去做之後，讀者就會發現，很難定下心來閱讀文字。

凝視文字似乎是很困難的事。但是，如果能夠時時注意這二七六個文字，那麼你就能得到集中力。看般若心經能夠使願望實現，同時還能培養集中力，這不是非常好的事嗎？

般若心經本身具有神奇的力量，貼有般若心經的地方是「安全」場所。不會發生火災，即使地震了，這地方也不會崩塌。當然，若能隨身攜帶，就會使你擁有充實的力量。看經是使你達成願望的最佳武器。

出聲唸經能召喚驚人的幸運

「摩訶般若波羅蜜多心經……」

大聲唸經，你會覺得很舒服，從身體內部湧出活力。重複唸就能使願望實現。

如果說出「想要這個東西」，比起光是在腦海中想像，更能快一點獲得。

如果說「幸運跟著我來」，比起什麼都不說，更能獲得幸運。

所以，當你口唸般若心經時，從來都沒有過的幸運事也會發生。可能是般若心經所擁有的頻率，具有使潛意識活性化的作用吧！這種神奇的力量，不使其實現眞是一種浪費。

出聲唸經，能使你成爲成功者。

般若心經
觀自在菩
薩行深般若
波羅蜜多時
照見五蘊皆
空度一切苦厄

4 聽經能使你成為大人物

將自己「唸經」的聲音錄起來，有空就放出來聽一聽。每多聽一次，你就更接近成爲大人物。

如果能夠輕鬆地進行，潛意識也會很高興地幫助你，你一定可以獲得成功。

很多人喜歡在搭車或捷運時聽隨身聽，如果改成聽「般若心經」，就不會感到遺憾了。若是在車內可以聆聽錄音帶或CD，那就請播放錄有「般若心經」的錄音帶或CD吧，這就是成功法。

不論任何地點，如上廁所、洗澡、走路時，都可以邊聽「般若心經」，沒有時間、場所的限制，與其他的「五大力」相同效果。

光是聽般若心經，你就可以成爲一個大人物。

5

光是抄經的簡單作法 就能使百萬富翁誕生

你想成爲百萬富翁嗎？如果是，那麼從現在開始「抄經」吧。

光是爲了「想成爲百萬富翁」而抄經，則沒有任何意義，應該基於「我是百萬富翁」的信念來抄經，才能使效果大增。什麼都不要想，在「空」的世界抄經，能獲得偉大的力量。

很多人持續「抄」大作家的文章，光是這麼做，就能使自己成爲一流作家。那並不是模仿文體而已，也能藉「抄寫」而吸收了大作家的「氣」。

般若心經也是同樣的，抄經能夠使你吸收到大能量，這種能量就是「百萬富翁之源」。希望你能藉著「抄經」成爲百萬富翁。

6

默讀般若心經能增強你的精神

在車上，或許你會因不好意思而不敢「唸經」，也沒有辦法一邊走一邊「抄經」，那麼這時候能輕鬆進行的就是「默讀經」。你只要隨身攜帶縮小尺寸影印的般若心經全文，就可以隨時「默讀」了。

要注意的是「看經」與「默讀經」的不同。看經是一次凝視般若心經全文，而默讀經則是一個字一個字地讀。

就像收看電視節目，不論影像或聲音，都是從對面傳送過來的。如果讀書時自己沒有「想要讀」的念頭，當然無法專心。同樣的，「默讀經」若沒有「讀」般若心經的意志，當然無法讀下去。也就是說，它具有強化精神力、意志力的作用。

想要強化精神力、實現願望的話，就進行「默讀經」吧。

色受想行
識亦復如是
舍利子是諸
法空相不生不
滅不垢不淨不增
不減是故空中
無色無受想行
識無眼耳鼻舌
身意無色聲
香味觸法無
眼界乃至
無
般若

般若心經讓你避過災難

不知何故，有些人動不動就容易發生意外事故或受傷。

像潛意識的想法，如果一個人平常就存著「消極」想法，那自然會引來消極的現象。這種思想就是一種物質的思想。

若從「般若心經」的思想來看，這個人就是脫離了「自然」、「理所當然」、「平常的生活」而導致的結果。

釋迦牟尼有言，生、老、病、死是不可避免的，也就是說，這是「理所當然的事」。如果我們違反自然而生活，一定會遇到災難。

具體而言，人人都希望過著快樂而充實的每一天。所以，過著不平、不滿、焦躁、壓力過大的生活的人，就是違反了自然，這種人就容易遭遇疾病、災難。

這時，一定要恢復「自然的生活」。過著違反自然的生活，想要恢復肉體的青春而失敗的人何其多呀！隨著自然的趨向，理所當然的姿態卻因爲減肥而導致不平衡狀態，因而死亡的女性隨處都有。

結果，像披頭四合唱團的雷特伊特比，這種「不承認自然的生活」的人就早死了。

再回到本題，遭遇災難就表示生活中某部分出現了「不自然」。

對於「原始的自我」加以掩飾，或是超出必要的自我顯示，或是隨意減肥，或是不自然地鍛鍊身體，或是服藥過量，所有「不自然」都會給人帶來災難。這就是「般若心經」的思想。

想要減少生活中的不自然，一定要多看般若心經。

8

提升驚人的記憶力

最新的大腦生理學研究認爲，右腦是長期而且能迅速記憶的腦，左腦則是即使花長時間記憶也會很快忘卻的腦。

也就是說，右腦對於圖像化、想像的東西，會一直輸入到深層。因爲般若心經是文字，所以比較適合左腦的邏輯分析。

但是，這個左腦的般若心經，對於「記憶力」的提升卻能發揮極大的力量。這是基於記憶術中所謂「反覆練習」的理論。

例如，當我們想要記住一個人的名字時，記憶術的重點就是——

・集中　・印象化　・聯想　・反覆

打算記住這個人的名字就要先集中精神，製造一個自己的印象，然後不斷地聯想，反覆記憶。這當中進行**印象化**、**聯想**的是右腦。

也就是說，和繪畫、圖的印象腦有關。例如，看到一個人的臉會想到動物，或是由名字產生聯想，如某人名叫「長江」，我們就會想到「長江流域」，有的人叫「大石」，我們就會想到「大的石頭」，這種聯想全靠右腦。

還有**反覆**，這是與「般若心經」共通之處。例如，在談話中不斷提到這個人的名字，反覆是記住名字的秘訣。

你的名字應該是擁有最多「反覆記憶」次數的名字，只要腦不會遭受破壞，它們應該是不會「忘記」的。這是因爲你會每天反覆地寫、唸、聽的緣故。同樣的，「般若心經」也是這個道理，只要反覆練習，便一定能夠記住。

9 提升運動紀錄的般若心經

一邊唸般若心經，一邊跑、跳、游泳，即使是團體賽，也可以這麼做。在比賽前唸經，會產生什麼結果呢？

結果發現不論是時間或紀錄，都產生令人驚異的提升率。要舉出實例嗎？非常簡單。不論是你或是朋友，只要閱讀選手所「實踐」本書的內容，就能製造出「實例」，是非常好的例子。

唯一的困難是，例如可能無法在賽跑前全部唸完二七六個文字，這時該如何是好？

可將全文縮小影印，採用「看經」的方法。只要「看」就行了。或是只唸自己喜歡的部分也可以。

「無苦集滅道。」

「不生不滅。」
「菩提薩埵。」
大聲唸也可以，喃喃自語亦無妨。總之，要在般若心經的世界中運動，就一定能夠提升運動紀錄。

10

如何判斷「乾淨」與「骯髒」

釋迦說，所謂「不垢不淨」就是「沒有乾淨」也「沒有骯髒」的意思。

法華經中也說：「所有的物都是客觀的存在。」

同樣的東西，有的人會任意決定它是垢還是淨。我想，不只是不垢不淨，很多相對價值觀都是同樣的道理。

例如一只盤子，因爲沒有洗就認爲它「骯髒」。爲什麼這麼說呢？判斷基準何在？

這朵花是紅的，就覺得它「美麗」。這時所說的「美麗」，和般若心經中的「淨」的意義完全不同。但是，本質是相同的。也就是說，般若心經認爲沒有不美麗的東西，沒有醜陋的東西，有的只是進

行判斷的「你」而已。

掉在地上的麵包是骯髒的，造型優美的盤子放在那兒就覺得它是乾淨的，這種判斷是無用的。

一切的物都是客觀的存在。

這不正是各位理當好好玩味的至理名言嗎？

11

經文的解釋就交給學者去做

想要體會般若心經的力量，就得做個實踐家。不需要解說者。即使充分了解二七六個文字每一字每一句的意義，也無法培養這種力量，只有實際去做，才能感受到它的效果。就算了解全文的意義，不去實踐的話，仍不具任何意義。

字句的解釋交給學者去做，我們只要在實踐的世界中獲得成功就行了。與其去調查，不如多唸；與其去思考，不如多抄寫，般若心經是一種心之行。

我們只要記住翻譯成簡單現代用語的般若心經，即使不了解它的意義也不要緊。

釋迦所言的現代魔法之燈就在於此。

觀世音菩薩昔日因實踐般若心經之賜，而能體會空的世界，度過所有的困厄。

物質全都是空。空形成物質。

人類的感覺作用全都是空。

既然所有的存在全都是空，那就沒有所謂的生或滅，沒有物質或精神作用，沒有感覺或對象。沒有無智，也沒有任何東西可以消滅無智；沒有老死，也沒有任何東西可以消滅老死。沒有佛教的「四個眞理」，無智無得。因爲，原本就沒有這些的存在。

菩薩們所謂般若心經的世界，就是這個世界，沒有執著。因此，不論是恐懼、幻想，全都沒有，只有一顆平安的心。

超越時間的諸佛們，藉著般若心經的實踐而得到領悟。這可以說是世界的最佳眞言，它就是般若心經。

藉著親自實踐，你就能獲得美好的人生。

只要實行般若心經，就是最好的。

12

養成每日的習慣就能成功

習慣般若心經時，就會把它當成洗臉、吃飯一樣，成爲理所當然的事情。也就是說，能與「生活」成爲一體。

所以最有效的方法，就是反覆進行。持續能夠成爲一種力量，這也是與般若心經有關的眞理。

早上起床以後，很自然地吟誦著般若心經，就像哼歌一樣，以愉悅輕鬆的心情徐徐朗誦。走路時、坐車時、排隊等候時，在腦海中唸著般若心經，進行「默讀經」。晚上睡覺前，合掌吟誦般若心經，或是抄經。

這就是般若心經的生活化。

「到了唸般若心經的時間。即使不太想唸，也沒有辦法。」

「又要抄經了，眞是麻煩。」

如果你的態度是這麼勉強的話，還是不要進行的好。一定要打從心底願意實踐般若心經，在喜悅中輕鬆地進行，這才是應有的心態。

反覆唸經會使你覺得喜悅。

反覆抄經會使你覺得快樂。

每天都在喜悅中將般若心經生活化，就好像洗臉一樣，是再自然不過的習慣了，相信成功離你不遠。習慣以後就能得到成功。

持續能夠成爲力量，這也是現代通用的準則。尤其是藉著般若心經得到成功的方法，最大的重點就在於此。**痛苦→喜悅→理所當然**，利用這三個步驟，使般若心經融入你的生活規律之中吧！毫不勉強，在自然的趨勢下掌握它的力量。

13

你是釋迦、是耶穌

被奉作「聖人」的釋迦、耶穌，難道與我們是無緣的特別存在嗎？

只要進行「般若心經」，確信你也能成爲釋迦或是耶穌。爲什麼呢？因爲祂們也是從「行」的世界而成爲聖人的。爲什麼釋迦走了七步以後，就能成爲「天上天下唯我獨尊」呢？這七步究竟意味著什麼？

這七步就是指進行「般若心經」。

我們的七步與釋迦的七步完全相同。並非祂有七隻腳，祂是人，我們也是人。

像學問的「釋迦」、音樂的「耶穌」、運動的「釋迦」，在各領

域成為聖人之道的開始，就是「般若心經」。

釋迦、耶穌也是「合乎自然」而生存，不拘泥於任何事物，充實自由自在的人生而生存。祂們在人生的舞台上，自己就是主角。

請看看撐竿跳或高爾夫球選手。成功者、一流選手在腦海中的螢光幕上描繪自己飛躍過竿的姿態，或白球進洞的軌跡。活用潛意識。而且口中一定要默唸著，或許是聖經中的一小節，或者是足以鼓舞自己的格言。像在奧運中表現傑出的許多選手，經常是在默唸一番話後才有精彩的演出。

鼓勵自己的話，可以是至理名言，也可以是宗教經文的一節，廣義而言，他們都是在進行「般若心經」。

如果口中唸著「能夠成功」而使自己的力量發揮到極致的話，那麼對此人而言，這就是他的「般若心經」。這時，你就是釋迦、就是耶穌。

14

在廁所中進行也無妨

「照見五蘊皆空。」

也就是說，五蘊全都是空。五蘊即「色、受、想、行、識」，全都是空，這是釋迦的說法，因此，在任何地方唸、寫般若心經都沒有關係。同樣都有效。

像廁所這種不潔的場所，也許各位會認爲不適合神聖的唸經行爲吧？但是，般若心經說「不垢不淨」，根本沒有所謂的乾淨或骯髒，只是我們隨意予以判定而已。

洗澡時、搭車時、上廁所時，不論何時何地，只要去實行般若心經就是了。

不是說非得在神聖的場所進行才有效。

平常，只要使唸經行爲自然、生活化，就是「可貴之物」、「有效的東西」。

但是，這不表示我主張各位一定要在廁所中進行哦。任何地方、任何時間都沒關係，自由自在地進行就好了。

「行深般若波羅蜜多時。」

（深切進行般若波羅蜜多時）意思並不是只要認眞地進行，或在神聖的場所進行，或以神聖的心進行。

所謂的「深」意味著與生活緊密結合，並不是努力不懈地進行。

輕鬆、自然地進行，所以，即使在廁所中進行也無妨。

15

你不能成為「孫悟空」

拘泥於小事，或易因小事而煩惱的人，或自以爲無所不能而變得驕傲，會令周圍的人感到不悅。

這樣的人就是「孫悟空」。「我能夠飛到世界的盡頭。」如此自誇而全力飛行時，自以爲來到世界的盡頭而在柱子上做了記號，得意洋洋地回來，卻是逃不過如來佛的手掌心。

修行般若心經的人，絕對不能成爲孫悟空。事實上，「傲慢自大」不過是愚蠢的表現。

擁有「自信」是好事，但「過度自信」卻是不能判斷事物的正確性的錯誤根源。

「自然的自己」才能直視一切，什麼都不用擔心。

不要下意識地與他人做比較，自己覺得不高興就要坦率地表現出來，這才是親切。

親切是來自禪語的「深切」。也就是說，必要的時候要深深切入對方的心，這才是眞正的親切。

如果是孫悟空的話，動不動就任意切入對方。不要這樣做，只在必要時才發自內心地切入。深深地切入，這才是眞實。親切的行爲來自般若心經，是自然形成的。

並非過信，而是要保有不動的自信。

從情愛深深切入對方的「深切」，才能夠成爲表現「親切」的自我。

最適合助你自「孫悟空」心態中脫離出來的，就是般若心經。

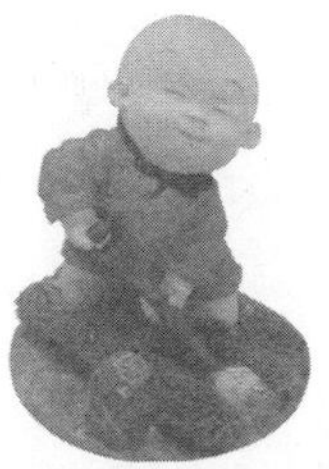

16 消除不良習慣

戒菸的方法何其多，最好的就是「般若心經」。

三十天內，一天不可欠缺地進行「唸經」、「抄經」、「看經」、「默讀經」、「聽經」，只要能平衡地進行，自然就不會想抽菸了。

早上喜歡睡懶覺的人、愛喝酒的人、老是批評他人、容易焦躁、會抖腳等惡習與不良癖性，全都能自然消滅。

以香菸而言，「一天不抽三包菸就受不了」的老菸槍，會搖身一變成爲「就算不抽菸也不要緊」。

我本身就因般若心經之賜而不再抽菸了。即使三個月不抽菸也不會犯菸癮，想抽菸的話，就抽幾支。

總之，可以說是「不再做香菸的奴隸」。拚命逼自己不要抽菸，會造成精神上的痛苦，這是錯誤的戒菸法。

般若心經式戒菸法就是一種讓你不會再介意香菸的方法，而且並不需要特別做些什麼。

唸經、抄經、看經，只要每天重複做這些就可以。

因爲不良習慣而感到煩惱的人，或在做了各種嘗試仍得不到效果的人，不需要再煩惱了，你也可以脫離那些束縛。

只要從現在開始實踐。

17

習慣之前，一天進行一次比較好

「般若心經」既然具有這麼神奇的力量，那一天進行一百次好了，一定能夠得到更偉大的力量。

如果你因而抄經抄到手指無法動彈，或唸經唸到喉嚨沙啞，效果如何呢？

很遺憾的，其實沒有多大的效果。

首先，你以「有所求」的心態來進行。由於重點是不要受一切束縛，而你卻以「只要修行較多就會有更多好處」的想法修行，這樣做是不行的。應像小孩胡亂塗鴉一樣，不考慮意義、結果、成效，只是抄寫就對了。

其次，抄經抄到手指無法動彈，或唸經唸到喉嚨沙啞，是「不自

然」的行爲。那麼，怎樣算是「自然」呢？這是有個人差異的。例如，聲樂家比普通人多花一點時間唸經是可以的，而作家抄經量大也是很自然的。

絕不勉強，在喜悅的狀態下進行適合自己的次數是最好的。

在習慣之前，一天進行一次比較好。請融入每天的生活規律中，使它像吃飯、洗臉那樣變得生活化之後，則你已進入般若心經的世界，能夠自由自在地實現一切的世界。

絕對不要勉強爲之，也不要想「一定要實現」。

把目標訂在一天一次，輕鬆地實踐般若心經吧！

般若心經是極為科學化的修行

當你因爲工作疲勞而伸懶腰時，一定會發出「啊——」的聲音，而不是「伊——」或「嗚——」。

打哈欠也會發出「啊——」的聲音，這個聲音會使得已經酸性化的血液變鹼性化。附帶一提，「嗚——」是動物攻擊獵物時的「集中音」。

請看般若心經開始的部分。

摩、訶、般、若、波、羅、蜜、多、心、經。

十個字當中有六個字是以「ㄜ」的音結束。這樣就能使血液鹼性化，使你擁有在無意識當中提升肉體健康的力量。從「音」這方面來考量，我主張它是具有科學性的。

此外，一心一意唸經時能培養「集中力」，大聲唸時最好配合進行「腹式呼吸」，能夠使全身血液循環良好。弱鹼性的血液是始於「ㄜ音」，而新鮮清淨的血液則可以藉著大聲唸經的腹式呼吸方式流遍全身。當血液的質與血液循環都變良好以後，就不易患病了。

那麼，首先來看著字「唸經」吧。重複幾次以後，就可以不用看字而唸出經文，也就是藉著反覆進行能訓練記憶力。其他事情若能以般若心經式早晚吟誦的話，很快就能記住了。

基本上，採取任何姿勢進行皆可。俯臥也行，坐著也好，躺著亦可，但每天進行時，你就會覺得如果不用正確的姿勢來做，會感到不舒服。換言之，般若心經具有矯正姿勢的作用。

雖已相傳數千年，卻存在著科學性。

19

以宇宙的觀點來看待事物

所謂三千大世界，是將一千國當成十，聚集了三千大國。釋迦的父親生存於比三千大世界還要遠的時代，而釋迦則生存於大約二千五百年前。由這麼大的比例來看，我們的人生幾乎等於「無」。

既然是「無」的人生，我們是不是應該從其他角度來看萬事萬物呢？

「乃至無老死。亦無老死盡。」

以這種宇宙觀點來看待事物的話，沒有老也沒有死。同時，老和死都沒有盡頭。看似相反的話，但是，只要不拘泥於老或死而生存的話，就能夠超越一切。

　　般若心經中特別說明了宇宙持續成長。不論是關於生命尊嚴或右腦的開發，般若心經中含括了所有範圍的知識。爲什麼呢？「因爲什麼也沒寫」。

　　以宇宙的觀點來考量的話，那人類的「知識」只如針尖般大而已。這絕對不是大話，也就是說，「因爲什麼也沒寫，所以表示全部都寫了」。了解這層意義的人，便已身在般若心經的世界中。

　　從現在開始，大而化之些，別拘泥於小事。任何事情都以廣大宇宙的觀點來考量是很重要的，因爲，人生八十年也不過如針尖般大而已。

20

可以邊看電視邊寫

這裡說可以邊看電視邊寫，這種不受束縛的表現才是般若心經的眞諦。

躺在床上寫當然可以，光著身子寫也沒有人反對，一邊倒立一邊寫也可以，只要你喜歡，在放鬆的狀態下抄經就對了。這種輕鬆的願望達成法，你以前曾經聽說過嗎？

字難看不要緊，只要一直寫就是了。這點就好像小孩塗鴉一樣，拚命塗塗寫寫，執著於寫字的人才能儘早獲得成功。

隨便你用鉛筆、原子筆或毛筆，用彩色筆寫也滿有趣的，今天用紅色，明天換綠色，後天改橘色，隨意變換，使「抄經」成爲一種樂趣。

不管採取何種姿態、使用什麼工具，都能夠「抄經」的話，就別管用什麼手段抄寫才是最好的。如果連握筆的方式、磨墨的姿態都要加以「規定」，這已經不是抄經了。般若心經猶如行雲流水，不受拘束，非常自由。

不必訂定期限、規定具體的目標，如「五年後的現在，我要在台北開三家分店」。只要你進行般若心經，三年後自然就會擁有三家分店。什麼都不要去想，任何事情就可以隨心所欲地實現。這麼簡單的成功法，在世上是絕無僅有的。不需使用頭腦也可以。

請以輕鬆的心情，邊看電視邊抄經吧。

21

唸經是有效的健康法

自古以來，很多和尚都是長壽者的理由，就是「粗食」加上「唸經」。

也就是說，唸經時會使呼吸時間加長，長息就能帶來長生。

的確，大聲唸經時採取腹式呼吸，增高腹壓，使得全身血液循環良好，能夠大量吸取氧氣，促進頭腦功能活絡。這都是好事，但理由不僅如此。呼吸法也是很好的健康法，但所唸的「般若心經」才是重點所在。

如果單純只以呼吸法考慮的話，那在ＫＴＶ唱歌也是不錯的。然而，與ＫＴＶ畢竟不同，關鍵就在於二七六個文字的「般若心經」。

但是，不是說要感謝經文，而是你發出聲音來「唸經」。

必須具備「**你本身**」和「**般若心經**」這兩者，不是其他的張三、李四，而是「你」；其內容不是流行歌曲或民謠，而是「般若心經」。

這麼做不只是等差級數的效果而已，你所發揮的力量可以達到等比級數。

大聲地唸般若心經，多唸幾次就會感到體內充滿活力。「好！現在就去做。」這種活力不是會打從心底湧現嗎？

唸經，一定能使你擁有充滿活力的健康身體。

22

舍利子就是你自己

「舍利子」爲釋迦的十大弟子之一。但「般若心經」中所說的「舍利子」並非指這個人。釋迦藉舍利子之名，告訴我們所有人，我們不能把它當作對別人說的而忽略了，要認眞地想作是釋迦對我們的諄諄教誨。

總之，「般若心經」的內容，一字一句都是對我們所說的，了解這點是非常重要的。

那麼，釋迦想對我們說些什麼？

事實上，這並沒有正確的答案。也就是說，經文中的一字一句的「意義」，完全不必考慮，釋迦對我們說舍利子也好，說其他事情也好，如果用「頭腦」去考量，就無法得到力量，即使不知道「般若心

經」一字一句的意義也不要緊，字句的解釋就交給專家學者們傷腦筋吧。

實際想要得到般若心經的力量的人，不必明白字句意義爲何。反而是用「頭腦」考慮字句意義的人，會產生不良作用。不論是「唸經」、「抄經」、「看經」或「默讀經」，都不要去想它的意義，只要重複實踐，這點才是最重要的。其他的，就不要管了。

釋迦想對我們說些什麼？答案就在我們於日常生活中實踐「般若心經」以後所出現的「現象」當中。

等你成爲成功人士，就是最佳的例證。

與其苦苦思索釋迦想要說些什麼，不如去想釋迦要我們「做什麼」。

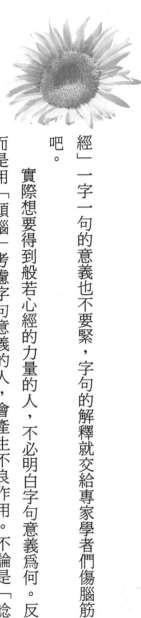

具有使菜餚吃起來美味的力量

使用同樣的材料，同一個人所做的菜，味道卻有天壤之別的差異。般若心經具有不可思議的力量。

該怎麼做呢？事實上很簡單。只要在烹飪時唸般若心經，不必認眞考慮些什麼。

切菜時，有節奏地唸著「摩訶般若波羅蜜多心經……」。

重點在於以哼歌的方式輕鬆地進行。

一旦「生活化」，才能使般若心經發揮眞正的價值。不必上寺廟、道場，在家裡、日常生活中進行就可以了。

另外一個方法就是在烹調前對著材料唸經，以輕鬆的心情進行。

如果你感到懷疑，何妨一試？眞的，你立刻就能了解了。尤其是

後者（烹調前對著材料唸經），不論是誰做菜，都能使菜餚吃起來特別「美味」。

在烹調時口唸般若心經，或喃喃自語地輕唸，要保持心情輕鬆。在烹調前對著材料唸經，這麼簡單的方法就能使其搖身一變，口感十足、美味得與餐廳料理不相上下。你不妨在家裡試一試。

附帶一提，在用餐前吟誦般若心經，那麼每道菜都會變得非常可口。

事實勝於雄辯。請各位嘗試一下。

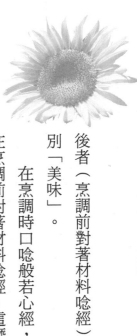

製成圖表就能立刻察覺其威力

雖然以無願無求的「空」爲基本，但剛開始時不妨製成圖表，利於進行。

在圖表中記下「今天唸五次」，然後寫下這天所發生的事情。你一定會感到很驚訝，因爲兩者之間具有某種因果關係。例如，一天抄經七次，翌日你可能會中獎。如果三天內唸經二十次，更能召來幸運。默讀經十次，意中人主動接近你。這都是般若心經的力量。

但必須注意的是，不要受到填寫圖表的「束縛」，因爲「束縛」和「空」是完全相反的。

利用圖表記錄時，你就會發現一些有趣的地方。這時，可以停止填寫圖表，其他的就順其自然吧。就像大自然的四季更迭，冬天走

了，春天的腳步已不遠；而春天過了，緊接著的必不會是秋天。般若心經也一樣，圖表可能會破壞規律，只有開始時才使用。

但是，從圖表中，我們可以發現般若心經偉大的力量。關鍵在於「**實踐**」，所以各位一定要實際應用。

般若心經的圖表化，能夠召喚成功的規律。

另外一個好處就是，可以作爲精神方面的鼓勵。例如，銷售業績製成圖表以後，實際上提升銷售額的情形很常見，像推銷部門急速成長的企業，圖表化的技巧是必備的常識。抱持輕鬆的心情與上個月做比較，也會發現有趣的地方。

初學者要實踐五大力，一定要好好記錄圖表。

25

日本前首相佐藤榮作長期執政的根源

曾任日本首相已故的佐藤，在遇到難題時會進入房內「抄經」，當然是抄般若心經。效果大家也知道了。所以，長期執政的根源就在於「抄經」。

也許，你並不是政治家，但是，想要永久持續良好的成果，最好立刻開始「抄經」。一直抄到心情穩定爲止，一心不亂地抄經，這樣你一定能夠達到心中所要求的結果。

如果再加上「唸經」、「看經」、「默讀經」，就能得到充滿力量、長期的好成果。

想要長久保有「成功者的寶座」，請效法已故的佐藤首相，立刻開始「抄經」吧！

靜

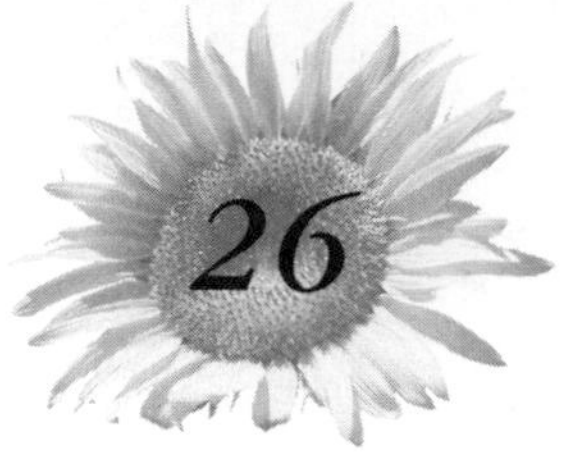

知識無法成為力量

培根的名言：「知識就是力量」，並不適用於般若心經。

即使了解二七六個文字一字一句的意義，或研究釋迦的一生，或把全文背下來的這種「知識」，都無法成爲力量。

而且，就算知道在每天的生活當中，只要實踐「唸經」、「抄經」、「看經」、「默讀經」、「聽經」就能獲得成功，這也無法成爲力量。

最重要的還是「**實踐**」。就是「**實行**」。每天重複地實踐，就算你不想，也一定會成爲成功者。不需要繁複的技巧，也不需要多餘的知識。

反過來說，世間稱其「聰明」的人，都是距離般若心經世界較遠

的人。不可以只懂理論而不願去做，只有肯「實踐」的人，才能輕易地達成實現願望的目標。

請記住：「實踐就是力量」、「實行就是力量」。就是現在，不管身在何處，只要你去實行了，願望就會全部實現。

「知識就是力量」這句話不適用於般若心經，只要唸經，只要抄經，只要看經，不是很簡單嗎？般若心經隨時都歡迎你，沒有性別、年齡、職業、國籍、體格、個性的限制。你不想立刻開始嗎？

27

對願望執著就會失敗

「我想存一千萬元。」

「我想要那件貂皮大衣。」

一旦執著於願望，就會失敗。雖然是殘酷的說法，但很多人都會提出這樣的願望。

「希望今年平安順利。」

「希望全家平安、生意興隆。」

然而，像這種「請求」、「提出願望」的心態，很遺憾地無法產生任何效力。

爲什麼呢？因爲這些願望是在尋求「自己現在所沒有的東西」。

「希望成爲有錢人。」（現在貧窮）

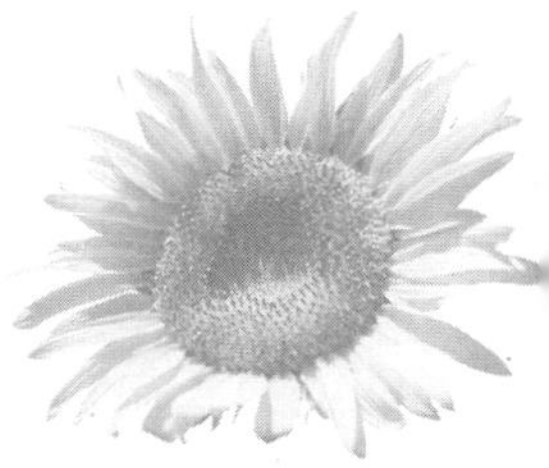

「希望健康。」（現在不健康）

也就是說，在潛意識中刻劃出一個消極的自己，越是向上蒼祈求、越是希望，反而越容易生病、越貧窮，這是不對的。

那該怎麼做呢？

事實上很簡單。

正如你所想的，只要實行般若心經。

人類原本就具有「健康」、「幸福」、「繁榮」、「成功」、「有錢」、「向上」的要素，只要實行般若心經，這些「不必求」就能得到。

問題在於你自己。在你嗤之以鼻之前，請大聲地唸經，或是默讀經、看經、抄經、聽經。

等到自己不執著於願望時，就已經是個成功者了。

進行與其他成功法完全相反的方法就能成功，眞是不可思議呀！

好像吹口哨般地輕鬆進行就能接近終點

遇到好事時，大部分的人都會哼著歌，感覺非常得意。而且，人類對於習慣的事可能一次可以做到十件，這是全意識、中間意識、潛意識的理論。

例如，要將線穿過針孔，不管是誰都會集中注意力進行，集中全部的意識來做就是「全意識」。一邊注意貓的動作，一邊聽收音機，或和小孩說話，屬於「中間意識」的表現。最後就是在睡覺時會發揮作用的意識，像科學家走在路上，或在洗澡時突然有了個「大發現」，這就是潛意識的影響。

全意識暫時只能做一件事，中間意識暫時能做十件事，潛意識則

擁有無限的力量。

若能一邊吹口哨，一邊進行般若心經，是屬於中間意識的階段。開始時，全力抄寫般若心經而無法再去注意其他的事，這就是全意識。而能夠吹著口哨抄經，就到達中間階段了。

最後，如果到達無意識的階段，那麼你的願望就能實現了。**全意識↓中間意識↓潛意識**的階段，在實行「般若心經」時若能循序漸進，並一一完成，一定可以獲得成功。

能夠輕鬆進行的成功法，就是般若心經的世界。

心情開朗、舒服，你會忍不住吹口哨。般若心經也是同樣的，在進行時你會感到心情愉悅，自然而然就吹起口哨。也許你會一邊哼歌，一邊抄經。這樣子，你就接近願望實現的終點了。

希望你能儘早突破緊張、期待的狀態，而輕鬆地進行，如此才能獲得成功。

具有防止孩子變壞的力量

不只是小孩，人類過著快樂、正當、充實、繁榮的生活，成爲成功者，是「理所當然」的。

但是，孩子「變壞」了，這就是不合理、不自然的現象。爲什麼會有「不良」兒童、青少年的出現呢？

第一，父母破壞了自然的規律。

第二，孩子過著不自然的生活。

要成爲好孩子很簡單，只要父母實行般若心經，很自然的周圍就會聚集「好人」、「好東西」，孩子也會跟著變好。

孩子躺著的時候，可以雙手合掌，面對孩子吟誦般若心經，但是不可祈求「希望孩子變成好孩子」。依賴上蒼的世界沒有般若心經的

存在。不需要做特別的祈禱，唸經就能解決一切。孩子的行爲不正，或變成不良少年，只要實行般若心經，三天就能好轉。如果能實行百日，任何人都能恢復正常。

般若心經——「是大神咒」，是具有釋迦靈力的優語、眞言。

般若心經——「是大明咒」，照亮一切，使心中沒有黑暗的神奇話語。

同時，般若心經——「是無上咒」，是無可比擬、具有最佳力量的話語。

「是無等等咒」，是任何事物都無法比較的眞言。

是大神咒、是大明咒、是無上咒、是無等等咒。

般若心經具有此等威力。

當然能夠消除孩童的不良行爲。

經文本身並不具任何力量

般若心經本身並不具有特別的力量，就算你用腳去踩經文也不要緊。但是，不要認爲自己會受到「束縛」，或會發生不好的事。也就是說，經文雖然不具有力量，可是你每天實行的話，「你」就會湧現力量。而「般若心經」只是一個關鍵而已。

反過來說，沒有般若心經是不行的。譬如說，手槍的扳機只是一塊金屬，但是與手槍本體結合時，它就能發揮力量，般若心經也是同樣的道理。

本體就是你，扳機就是般若心經。

經文本身不具有力量，但是你、潛意識與經文結合時，就能夠產生力量。

般若心經
潛意識

31

般若心經能使你長生

擁有「唸經」習慣的僧侶中，自古以來有很多人都是長壽者，這是由於腹式呼吸導致腹壓提高，全身血液循環良好。也就是說，「唸經」與「健康」有密切的關係。

再加上般若心經具有神奇的力量，亦即任何人在毫不勉強的情況下，輕鬆地能夠獲得成功。這個「成功」廣義而言，當然包括「健康」在內。

與其尋求長生，還不如人生中「有所成就」才是有價值的想法。當然，過著充實的人生是最好的。

每天反覆實行，你一定能夠得到長生。

32

實際感受聽到好消息時的興奮

「堂妹生小孩了」、「這個月加薪了」、「終於獲准加入俱樂部」……。

當你聽到「好消息」時，同時就能感受到般若心經的世界。是什麼樣的世界呢？

一切順其自然、理所當然、自由自在，腦海中會浮現這樣的印象。

不要只是唸經、抄經、看經，有時玩味一下想像的效果也是必要的。原本，「般若心經」並不是文字，而是釋迦告訴你的一種「**生存的方式**」，因此，能夠一邊體會美好的印象，一邊快樂地生活，不是很好嗎？

在得知好消息的同時，你也能感受到對般若心經的印象。這就是快樂人生的開始。

這個好消息是積極的，能夠使你的潛意識獲得解放。在這種狀態下，不管有什麼願望，都能藉著萬能的力量予以實現。絕對不要錯過這個機會，牢牢地把握住，潛意識加上般若心經，就能活用本世紀最偉大的力量。

相反的，聽到不好的消息時，你也會有一種「實際的感受」。爲什麼呢？因爲般若心經會使積極的效果增加數百倍，同時也具有使消極的影響變爲積極的力量。總之，只要經常進行般若心經就沒錯了。

抄經能使集中力提高三倍

沒有恆心，什麼事情都做不長久，也無法集中心志於一件事情上。對於這樣的人，我建議各位抄經。悠閒地、慢慢地抄經，是正確的心態。

不過，也不需要一開始就抄很多經文。不管是誰，剛開始抄經都會感到「緊張」，這種程度的「緊張」就是「集中」。

使用「氣」，希望一字一句、細微處都沒有錯。這個「氣」就是「集中」的表現。

也就是說，將精神集中於同一事物上，亦即抄經這個動作，重複這個舉動，能使集中力提高三倍。以音這方面而言，像動物在攻擊獵物時會發出「嗚——」的低鳴。你可以一邊發出「嗚——」的聲音，

一邊抄經。

想要培養集中力，抄經是最好的方法。但是，等到培養集中力以後，就要捨棄這種方法。

就像緊握住手中的硬幣不放，就無法再去抓其他東西。同樣的，只把抄經當成集中力培養法，這種想法是不會有進步的。

如果集中力提高三倍以後，接著就要回到般若心經的世界，也就是回歸自然的姿態。自然是最重要的。

不僅限於般若心經的世界，任何事情大都是從「型」開始的。你會模仿老師的型，而等到這種型完完全全成爲自己所有以後，才能創造出新的東西來。這就好像下意識想要培養集中力，而實行般若心經就是一種「型」的表現。

等到從模仿型畢業以後，你必須趕緊升到實踐般若心經的階段。希望各位可以發下豪語說：「我是因為般若心經而得到成功。」

34

輕鬆的壓力消除法

好像胡亂塗鴉似地抄經，一邊哼著歌、一邊唸經，像看漫畫似地默讀經，宛如欣賞風景畫一樣地看經，或像收聽流行歌曲一樣地聽經，當我這麼說時，或許「重視」般若心經的人會怒斥我一頓，但我就是這樣覺得，應該把它當成壓力消除法，輕鬆地進行。

不要把經文本身看作不可侵犯，或許你躺著輕鬆地進行，效果更大。

般若心經就是一種壓力消除法，保持這樣的心情，輕鬆地進行會比較好。

有快樂才會成功，這是秘訣。例如，以「抄經」而言，讓孩子來做，將來他才會得到真正的快樂，利用彩色筆，讓他寫下二七六個文

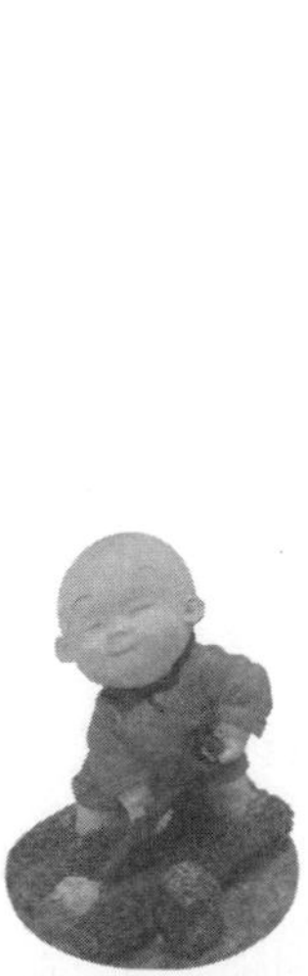

字，一邊看電視或漫畫，一邊大聲唱歌，一邊抄寫都可以。

以壓力消除法的觀點來實行，配合自己的興趣來做比較好。比如喜歡打高爾夫球的人，一邊享受打球之樂，一邊抄經；「很好，這球打得好！」一邊高聲喊叫，一邊抄經也無妨。可是，這麼做會成功嗎？你心中或許有此疑問。事實勝於雄辯，只要你去實行，就會找到答案。

「怎麼做才能輕鬆、有趣地進行般若心經呢？」你要時時記掛這個問題。只要把它想成是壓力消除法，就能輕鬆地進行，而且願望全都能夠達成。沒有比這方法更好的了。

當成冥想的ＢＧＭ使用

美國企業內的教育座談會，把喜多郎的音樂當作休息時間的ＢＧＭ（背景音樂）來使用。最近，這種情形日益常見。

這是因爲喜多郎的音樂具有使精神放鬆的作用。以大腦生理學而言，音樂與腦有密切的關聯。

我建議各位將「般若心經」當作冥想的ＢＧＭ。

不限於使用市售或自製的錄音帶，採用什麼姿態也隨心所欲，總之，不要給自己束縛。

一天五分鐘亦可，只要每天持續的進行，你就會成爲驚人的成功者。

如果想要提高效果，可以一邊進行冥想，一邊想像。那麼，有什

麼想像呢？當然是積極的想像，同時也可以描繪一個「自我的理想像」，或是想像「想要的東西」。

積極的想像，就是能夠帶給你成功、向上、健康、進步、發達、繁榮、財富、開朗的想像。

所謂自我的理想像，就是在你的性格、經濟、家庭、工作、社會地位等目標上，擁有良好表現的自我的想像。

所謂想要的東西，如「車子」、「遊艇」、「鑽石」、「房子」等。

冥想時，把這三種想像印在腦海中的螢光幕上，再播放當成BGM的般若心經，就能夠產生相輔相乘的效果，引導你得到成功。

36

般若心經使你耐寒、耐熱

最簡便的電暖器和冷氣機就是「般若心經」。

冷得受不了時，光是唸經就能使身體感到溫熱；熱得受不了時，光是凝視二七六個文字就能使你覺得清涼無比。這眞是不可思議。

人類當然很能適應「自然」的規律，如果能藉著般若心經而培養這種規律，身體就會產生配合冬、夏的防衛反應。

結果，就可以變得耐寒、耐熱。

不必下意識地進行「心頭滅卻」，在日常生活中每天實行般若心經，很自然就能培養出不受天氣、季節影響的自己。

心經

37

松下幸之助的原動力在此

松下幸之助深受「般若心經」的吸引，甚至建立般若塔。他所推動的PHP（藉繁榮而致和平與快樂），根本理念正是「般若心經」的精髓。每天實行以後，想要成爲「百萬富翁」絕對不是癡人說夢。

有一次，年輕的記者問他：

「松下先生，你所做的事情都獲得成功，有什麼秘訣嗎？」

他臉色微慍地答道：

「你說什麼！像我這樣的失敗者已經很少了。最重要的是做到成功爲止，否則絕不停止，重複去做。」

松下幸之助的原動力就在於「**直到成功為止，否則絕不停止，重複實行**」。重複實行什麼呢？當然是般若心經！

連性能力都能提升的神秘

連性能力衰退了，藉著重複實行「般若心經」也能治好。這是根據人類過百歲，生殖能力不會衰退的理論而來的。

著名的湯瑪斯老爹，一直活到一百五十二歲，是眞實存在的人物。他年過百歲，還擁有孩子。

藉著實踐「般若心經」，你也能夠擁有性能力和長壽。

坦特那瑜伽是一種能夠提升性能力的瑜伽，而般若心經則比這種瑜伽更簡單，只要實行五種方法就夠了。只要抄經、唸經、聽經、看經、默讀經，你也能夠感受到這種神秘而奇異的力量。

39

相信你會感到非常美好的日子不遠了

只要你在一百天內重複實行般若心經，相信所有的願望都能實現。

一定要使其習慣化，當作每天的習性。無所求，無所依賴，沒有任何期待，只要實踐。什麼也不想而能持續實踐時，你就可以活在般若心經的世界中。

這時，你自然會脫口而說：

「怎麼有這麼美好的事啊！」

這是一種喜悅的驚奇。

只要實行一百天，不論在任何地方，你都能夠獲得成功。

40

為環境、姿勢所拘束毫無意義

距離般若心經所說的世界最遠的就是「拘束」的狀態。但是，很多書卻建議讀者處於這樣受拘束的狀態。必須在安靜的場所抄經，呼吸不可直接吹拂到經文，所以要戴口罩，姿勢要端正……。

什麼可以做，什麼又是不可以做的，這是距離般若心經最遠的教導。

自由自在，不拘泥於一切的自然狀態，才是般若心經的真諦，所以我向來主張自由進行。

躺著做，或一邊吃東西一邊進行都無妨，也可以邊聽音樂邊抄經。在車上、在辦公室、在學校，在任何地方都可以唸經。

「**不受拘束**」的狀態是最理想的。

若條件過於嚴格，大概各位也是興致缺缺。所以，「不管是誰，無論何時何地」都可以進行，這才是眞正的般若心經。抄經的紙、筆或字不具有力量，因此，就算鼻息噴在紙上或手觸摸到字，都與效力無關。

總之，重點在於進行抄經、唸經、看經、默讀經的你的身上。

「抄經就能發生好事。」

「請治好我的病。」

「希望有錢。」

像這樣以有所求的心態去做的話，永遠也無法產生效果。應抱著輕鬆的心情，愉快地抄經、唸經、看經。

光是注意姿勢和環境，毫無意義。

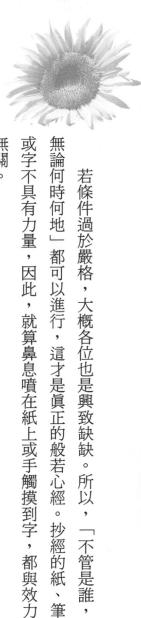

世界上最快速的成功法就是般若心經

古今中外的成功法，不計其數。

像拿破崙・希爾、喬瑟夫・摩菲、安德魯・卡內基……，不管是誰採用的成功法，都需要「時間」。

在此，我敢自信地斷言，世界上最快速的成功法就是「般若心經」。

也就是說，這二七六個文字所隱藏的神秘力量包括了一切。

完全不需要「目標」、「自我暗示」、「各種能力開發」、「行動計畫」。當然，對嘗試其他成功法的人而言，這些或許是不可欠缺的，但在進行般若心經時，眞的什麼也不需要。

你只要抄經、唸經、看經、聽經就夠了。

一般的成功法通常會設定「三年」或「五年」的期限，然後計畫中間的行動過程，再按部就班地執行。

或者重視「積極的想法」、「正面思考」、「活力」、「欲望」等精神面。而般若心經既不需要技巧，也不需要精神。

不必擬定計畫，不用訓練，卻能最快得到成功。

因爲，它已經超越了任何理論與道理。

如何能夠證明般若心經是最快速的成功法呢？

那就是你！

42

實行般若心經者為人生的勝利者

不僅是般若心經而已，但對它而言，「實行」是最重要的。就算知道它的好處，如果不去實踐，也無法產生任何效力。

般若心經就是現代的阿拉丁神燈，只要實行就一定能夠產生效果。同時，不管你有多少願望都能全部達成，眞的是非常神妙。

我們如果想要實際感受般若心經的神奇力量，不必進行字句的解釋，只要去做就是了。事實上，頭腦的理解反而會成爲一種障礙。

重點不在「知識」，而在「**實踐**」。誠如我要教導各位駕駛的方法。「車子爲什麼會動呢？」關於它的構造、理論，沒有必要懂這些，只要知道右轉時方向盤往右打就可以了，不需要去討論車子爲什麼會往右轉。

最後成爲人生的勝利者就是「實行者」。不要一味地增加知識。

如果你也想成爲人生的勝利者，就請實行般若心經。我已經教了駕駛的方法，到底要不要開動，由你自己決定。

陽明學所強調的「**知行合一**」，對般若心經而言也是相同的主張。本書的內容當然是「知識」，但不去實踐就不具任何意義。

相信五大力是一種「行」，而能夠加以實行的則是身爲駕駛的你。你已經坐到駕駛座上，踩油門這個動作就是「實行般若心經」。你只要前進一步就夠了。

一邊走路一邊唸經會使力量湧現

打從心底湧現自信與力量——只要你邊走邊唸經。

每走一步，甚至連趾尖也獲得了能量。

「摩訶般若波羅蜜多心經……」

根據周圍的環境來調整自己的音量。不須太在意聲音，力量便能自然湧現。

我習慣一邊唸經一邊走到附近的車站，一天三次，每天持續不間斷。洗澡時、上廁所時，口裡隨時隨地都在唸般若心經。這就是習慣化、生活化的證明。

精神很好時、心神不寧時、體力不支時，任何時候都可以「邊走邊唸」。這時，你就會發現力量充實。

軍隊在行進時，也會一邊走路，一邊唱「軍歌」、「答數」，這就是邊走邊唸能湧現力量的「例子」。而且，在二十一世紀，最大的眞言就是「般若心經」，所以邊走邊唸就能產生無比的力量。

甚至在唸經的時候，就能召喚幸運到你身邊，可能會撿到錢，或是遇見許久不見的知己好友。各種好事都可能發生在你身上，不需要利用什麼技巧，只要一邊走一邊唸就可以做到。

同時，你會注意到自然界的一花一木，感覺這個世界是美好而充滿希望的。

44

早起以後先唸經

一年之計在於春，一日之計在於晨。

早起以後，想要使頭腦清晰，就必須持續唸三次般若心經。第一次使頭腦開始活動，第二次使眼睛明亮、頭腦清醒，第三次則使全身充滿力量。

只要唸三次，就能使你活力湧現、精神煥發，眞是神奇。

很多人覺得睡醒時不太容易起床，這時，可以躺在被窩裡唸著「摩訶般若波羅蜜多……」，相信你就會舒服多了。

早起的話，立刻「唸經」，在養成習慣以前要重複進行，如此一來你會發現，這天和以往完全不同，充滿煥然一新的感覺。

實在做不到的人，請你「看經」吧。在枕邊放著抄寫經文的紙

片，躺在床上看經。光是這樣看經，也能使你神清氣爽。

要使陰陽調和的話，合掌是很好的方法。當然，躺在床上做亦可。合掌唸經。早上不易起床的人，請試試這個方法，只要幾分鐘，就能很愉快地起床。

或者，在盥洗、著衣後，正坐，保持慢慢合掌的姿勢，口裡一邊唸經，重複幾次，直到覺得舒服爲止。

不需要花錢，不用找特別的場所，隨時隨地都可以進行，而且效果極大。

明天早上起床以後你要做什麼呢？

還是先唸般若心經吧！

45

唸經是一種波動

「唸經」能夠召喚幸運到來，不受任何事物的限制，因此也沒有什麼規定。

聲音、音量、場所、姿勢，一切都隨心所欲。

一般唸經都是採用發自腹部的低沈聲音，但是，我所說的「唸經」不限制用哪一種聲音。高音、低音、大聲、小聲都無所謂，配合自己的狀況來唸經。

場所也不必特別限定，陽台、候車亭、馬路上，都可以唸經，不一定非在禪寺的本堂進行不可。

「**不管是誰，隨時隨地**」都可以進行的就是般若心經。它不僅屬於部分人所有，眾人皆可擁有這種神奇的力量。

姿勢當然更沒有限制了，只要你喜歡，倒立著唸經也沒有人反對。

很多人都習慣邊走邊哼歌吧？

這時，很自然地唸著般若心經，這個人就是接近成功的人。爲什麼呢？因爲已經生活化了。

唸著般若心經，就會從口中釋放出一種波動，當然，這種波動也具有改變周圍的力量。

現在，就唸一次看看。

是不是感到從腹部湧現一股神奇的力量呢？這股力量能爲你帶來幸運。

近似耳語地唸經也可以。

正如古人所說的「言靈」，的確，語言具有「靈魂」。要怎麼樣才能使言靈進入般若心經中呢？很簡單，只要唸出來就行了。什麼都不要想，就只是唸它。

46

我行我素就從般若心經開始

釋迦所說的「唯我獨尊」，並非自私自利的意思。

這是透過自己的生活方式，以我行我素的方式生活的教導。

隨心所欲是最好的。櫻樹只會開櫻花，絕對不會開玫瑰花，要讓它開玫瑰花是違反自然的事。鳥就是鳥，蟲就是蟲，人類就有自己的生活方式，這便是「唯我獨尊」的世界。使自自然然的自己完全開花，就是般若心經的基本觀念。

「心無罣礙。無罣礙故。無有恐怖。」

意思是心中不拘泥於萬事萬物，自然沒有什麼好畏懼的。這是般若心經中的一節。

不拘泥、不被束縛，這就是「空」的境界。

我行我素是一種空的境界。爲什麼呢？因爲靠自己的力量走自己的路，其他一切就只是「無緣的存在」。只要能夠做到眞我，我行我素地走在人生大道上，實行般若心經，外在的一切都不足以掛意。

「我很想讀那所學校，可是不利於將來找工作，只好到另一所學校去。」

「我比較喜歡這份工作，可是已決定到薪水較高的那家公司上班。」

「我想喝咖啡，可是大家都喝紅茶，那我只好也喝紅茶了。」

沒有辦法表現眞我的人，就是離般若心經最遠的人。

「不管別人說什麼，還是要堅持原來的自己。」

不要找藉口，你應該堅強，不要隨便受人左右。

實行般若心經的話，你一定可以得到一個我行我素的人生。

默讀經的神奇力量

公車上來一個醉漢，滿口胡言亂語，整車的人都不悅地皺著眉。這時，你可以進行「默讀經」，將會發現那個醉漢竟然安靜了下來。

車子塞在馬路上，眼看著約會的時間就要遲到了，這時，「默讀經」就能發揮效果。

不出聲地暗唸心經，或是邊看字邊在腦海裡吟誦，這就是默讀經。或是不好意思在人前唸經，默讀經就派上用場了。

即使身在人潮中，默讀經的人也能夠開出一條路通過，而且不必擠來擠去的。這是因爲般若心經的精華從體內發散出來，可以擴及四周，周遭的人體內細胞接收到了，便會發出「不要打擾這個人」的訊息。

總之，請你嘗試看看。

「實在想不出這個人的名字。」

「忘了怎麼解題。」

這時，立刻當場進行默讀經，記憶力輕易地就恢復了，實在是相當驚人。對付健忘症最有效的，莫過於默讀經。

對於失眠也非常有效。如果一直睡不著，就在腦海中唸般若心經，你便能得到深沈而舒適的睡眠。

使吵鬧的人安靜下來；使車子能夠順暢地往前進；不再健忘；不會輾轉難眠，效果這麼多又好，或許你會想：「這不等於萬能藥嗎？」的確如此。般若心經正是一劑萬能藥，當你覺得困惑、遇到疑難時，試著「默讀經」，問題大半都能獲得解決。「默讀經」的確存在著一種神奇的力量。

48

你什麼也不用想

不必詳細檢討該怎麼做，或要使用什麼「手段」，例如一般人所訂定的計畫「每個月要存多少錢」、「今天要唸到第幾頁」等，完全不需要。只要「重複進行」就對了。

比如說你訂定一個目標，三十五歲時要獨立開一家公司，那麼計畫就是幾歲升課長、幾歲當經理、要存多少錢、什麼時候正式獨立。這是無意義的，至少對實行般若心經的人而言是沒有關係的。

只需要稍微考慮「在三十五歲時獨立開一家公司」就可以了。然後把這事拋諸腦後，在般若心經的世界中自由自在地「唸經」、「抄經」、「看經」、「默讀經」、「聽經」。

不必想一些複雜的手段，霎時就能獲得成功。心中的想法能夠輕

易地實現，藉著周圍所產生的變化就能證明這一切。

每天唸經的話，同事們的心情都非常開朗；在車上持續看經，就不易被傳染感冒；每天晚上默讀經的話，就能獲得升遷。這些事情都是「理所當然」的，再大的目標也能實現，般若心經就是具有如此偉大的力量。你什麼都不用想。

這時，不要去想一些「手段」或「目標」。在進行般若心經時，各種想法都可能出現，你毋須在意，接受它就是了。當想法很自然地浮現時，就可以去思考它。一切順其自然是最重要的。

49

什麼是空＝零的世界

在般若心經中，「空」出現七次，「無」出現二十一次。我認爲「空」、「無」都應該各增加一次，爲什麼呢？因爲般若心經本身就是「空」，就是「無」。

問題不在於次數，而是表達了一切都是空＝零的世界。「無」的相反是「有」，而空＝零的世界就是一直都是空。

在這個世界，既沒有「天才」，也沒有「美女」，沒有「富翁」和「窮人」，是沒有一切區別的世界。但是，它存在著「順其自然」，這就是「空」。或許有人會說，既然有存在，那就是「有」。然而，這只是一種道理的推論。

空＝零的世界就是一切都「**順其自然**」。

所謂有就是有「家」、有「錢」、有「車」，問題在於有什麼。在現實世界中，有「醫師執照」、有「駕照」等等，重點在於「有什麼」。

相反的，所謂空則是「有」家、「有」錢、「有」車，只是表示「有東西」存在於此而已。而「無」也包括在「空」的世界中。例如沒有「家」，若重點在前者，則是「無」的世界；而相反的，「沒有」家的重點放在沒有，是「空」的世界。

有　有「A」

無　無「B」

空　「有」A、「無」B

引號內的文字是重點所在，然而這不過是一種道理而已，「空」已經超越了這一切。

50

洽商、考試之前唸經就不會臉紅

「臉紅」有兩個意思，一是血液流到上半身，一是重心「往上移」，尤其是後者，不單是血液的流動，也表現出全身的「平衡」。反過來說，如果重心向下移的話，就能從「害羞症」中解放出來。

洽商、考試之前，因爲緊張而面紅耳赤，無法發揮平常的實力的例子非常多，結果「分數很差」、「業績低落」。

能夠完全預防這種現象的就是「般若心經」。

考試之前，覺得臉色發紅、呼吸急促，立刻唸般若心經，你會發現自己平靜了下來，不再面紅耳赤。

洽商時，你覺得一顆心蹦蹦跳，深怕弄砸了生意，這時唸經，令人驚異的是立刻充滿了自信，商談過程順利，爭取到簽訂契約。

你什麼也不要想。這是非常輕鬆的事情，而且具有速效性。唸經不但使你從害羞症狀中解脫，而且效果會永久持續。我不知道還有什麼方法會比它簡單，希望各位試一試。

51

已經不需要護身符了

自己的身體要由自己照顧，要尊敬神佛但不依賴神佛。

但是，有人什麼事情都依賴「護身符」、依賴他人、依賴神佛。

也有人完全靠自己，不依賴任何神佛。

每個人都有自己的生活方式，價值觀各異。

「般若心經」則認爲一切自由。心裡害怕就不要說「不害怕」；不要事事依賴他人，也不要求助於「護身符」。獨立自主並非自私自利。

「使他人打從心底感到喜悅的生活方式」是「理所當然」的般若心經世界。

因爲有般若心經，我們不再需要「護身符」。

52

紅臉恐懼症一掃而空

不只是紅臉恐懼症，所有的恐懼症都與般若心經無緣。

但要注意的是，「自然」的恐懼感與恐懼症是不一樣的。

例如，害怕猛獸。在關著老虎的柵欄之前感到「害怕」是很正常的事，如果沒有這種恐懼感，那人類恐怕早已不存在世上，因爲沒有危險意識，就不會保衛生命安全。

但是，如果面對一隻像貓那麼可愛的小老虎，也會感到畏懼的話，那就是對老虎的「恐懼症」。這種不應該存在的恐懼症，可以藉著般若心經完全消除。

紅臉恐懼症能夠一掃而空，這是因爲你實踐了般若心經。

53

認為說謊前先試一試

任何事都一樣，如果缺乏實際的證明，就沒有存在的理由。般若心經也是這樣，你不親自體會它的效果，說再多都是沒有意義的。

或許你會懷疑，「這麼簡單的方法，怎麼可能實現願望呢？說謊！」但是，在此之前你應該先嘗試看看，你是否唸過一次經文呢？

只是批評，誰都做得到，但是要實際加以證明就很困難了。因爲要「相信」、「實踐」，相信它而加以實踐，就能得到「實證」，這就是般若心經的眞諦。說不可能之前還是先嘗試一番吧。

有趣的是，會說不可能的人大都是「頭腦聰明」的人，也就是說，他們拘泥於道理與理論。這些人一旦相信般若心經的力量，就會成爲「最忠實」的信徒。

他們的態度會一百八十度大轉變，到處宣揚「這個力量眞的很大啊」，成爲一種「實證」。嘗試過的人都會成爲支持者，你只要每天實踐般若心經的五大力，就會驚訝地領略它的威力，而且樂意廣爲宣傳。

你就當它是謊話好了，但有空時請實行五大力。

如果你試過以後覺得它「根本沒有效嘛」，那也是你的自由，因爲你已經親身體驗了，這個結果是你本身眞實的感受。

爲什麼我一再強調「試一試」呢？因爲我不這麼苦口婆心地勸說，人們就不會「付諸行動」，而只是看了書、了解它的意思而已。那麼，你就會停留在理論的世界。如果你想要進入般若心經的世界，那就一定要「嘗試」。

54

具有消除神經衰弱的卓越效果

「神經衰弱」是現代人的文明病之一，可以藉著釋放殘餘的能量而加以改善。利用運動流汗，或進行自律訓練、練習瑜伽等。

而我認爲最新的改善方法就是「般若心經」。

唸經……從腹底發出聲音，將所有的焦躁、鬱悶一吐而空。

看經……只是凝望二七六個文字，就能消除腦海中的不平靜，培養集中力。

默讀經……默讀時能使精神穩定。

抄經……抄寫般若心經也是一種行動療法。

聽經……自製錄音帶，有空時就放出來聽，能使心情輕鬆。

反覆進行，直到成爲生活習慣爲止，漸漸的就能消除神經衰弱。

乃至無老死
亦無老死盡
無苦集滅道
無智亦無得
以無所得故
禪

55

把開始實行的這一天當作自己的新生日

你可以把開始實行般若心經的這一天，當作自己的新生日。

在歐美，參加各種研討會結束的這一天稱作「入學式」，而我們則稱作「畢業式」，意思是進入新的人生學校的日子。

擴大來看，也可以看作嶄新的自我誕生的日子，也就是說，實行般若心經的第一天是你的另一個生日。所以，當你開始實踐「唸經」、「抄經」、「看經」、「默讀經」、「聽經」這五大力時，就誕生了全新的自己。

1995
7
五月

改變討厭傢伙的秘法

心理學有所謂的「鏡子現象」，意思是當你覺得對方「是個討厭的傢伙」，對方看你也不順眼。就像照鏡子一樣，對方的反應會受你對他的看法的影響而改變。

另外一個有名的說法就是「皮格馬利翁效果」。

它來自希臘神話。希臘青年皮格馬利翁雕刻了一座自己理想中的女性像，結果他愛上了這座雕像。

他心中強烈地渴求著：「如果這座雕像是個眞人該有多好！」漸漸的，這個願望變成「這座雕像是個眞正的女子」的信念。

這時，愛神出現了，祂問皮格馬利翁：

「你眞的很喜歡這座雕像嗎？」

「是的。」

「好，我助你達成願望。」

皮格馬利翁終於和變成眞人的女雕像結婚，並生了孩子，過著幸福的生活。

當願望轉變成信念時，也就是說當一個人對某件事有所「期待」時，願望就會實現。因此，當你對對方有所「期待」時，對方也會有所回應。

「般若心經」並不具有鏡子現象或是皮格馬利翁效果，但具有改變討厭傢伙的力量。

面對討厭的人的照片「唸經」，或遇到粗魯、令人生氣的人時，就在心裡默讀經。

晚上睡覺之前，一邊想著那個討厭的傢伙，一邊抄經。不需要有所「期待」，也不用勉強自己去喜歡對方。

利用般若心經使對方產生變化。

57

利用簡單的方法召來幸運

你只要每天重複「唸經」、「抄經」、「看經」、「默讀經」，使其習慣化，將會發現幸運已悄悄降臨。

做起來一點也不困難。

有空時就唸唸心經，抄一抄、看一看、默讀一番、聽幾遍，把它融入每天的生活規律之中。

「實行般若心經的話，幸運眞的會到來嗎？」

如果有此疑問，請你先唸一遍心經，就會覺得霎時神清氣爽；很有節奏地唸二、三遍，就會感到打從體內湧現活力和自信。

我認爲般若心經的幸運巔峰期是在最初的一百天。在一百天內，只要使其在生活中習慣化，就會發現幸運朝你「靠攏」。

能使你像磁石一般吸引幸運靠過來的就是「般若心經」。

如此一來，就會形成一個「度一切苦厄」的世界，所謂「度」就是解救的意思。只要確實實行般若心經，養成每天的習慣，就能從一切的痛苦中解放出來。

痛苦完全消失，幸運降臨，沒有任何事情會讓你覺得畏懼。

在這個世界，有不計其數的成功法、願望實現法，但是，卻沒有一種方法是這麼簡單的。能流傳這麼久也是相當罕見的，已有二千年以上的歷史了。反過來說，如果般若心經不具有神奇而偉大的力量，大概老早就被遺忘了。然而，它卻實際存在著，由此可以證明「般若心經」實際的力量。

你只須每天實踐就可以了。

只要實行就能產生效果

並非從「般若心經」中湧現力量，也不是由上天賜予力量，湧現神秘的力量的兩大條件就是「實行」與「你」。

不是讓別人去做，而是要由「你」本身實行般若心經。這個「實行」指的是每天重複地做，使其習慣化，成爲日常生活中密不可分的一部分。

等車時、考試前、比賽的休息時間、洗臉時，隨時隨地口裡都唸著「般若心經」，這個人才是眞能有所得的人。

只有實行才會產生價值。

升職、加薪唾手可得

如果潛意識萬能的力量和般若心經奇異的力量互相結合的話，在這個世界上沒有不可能的事。任何願望皆能實現。

聽我這麼說，很多人就會提出願望：「希望升上課長」、「希望能當經理」、「希望公司加薪」，但在這些小事上搬出般若心經，未免浪費了些。

「希望變成某某人」、「如果能像某某人那樣就好了」，這些都是孱弱的願望，一定要將其變成絕對可以實現的信念。只要擁有強烈的信念，就能成爲大成功者；再加上五大力偉大的力量，你就能夠很快地獲得成功。

那麼，升職、加薪其實唾手可得。

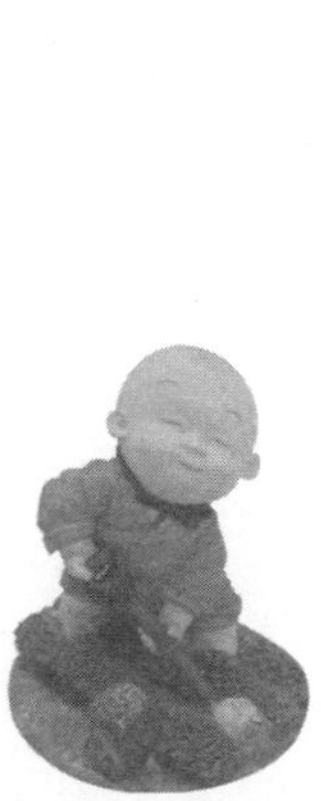

就從現在開始

已經做好駕駛的準備，也繫上安全帶，地圖齊備，油箱也加滿了，輪胎更是早就檢查過了。

只要一踩油門，就可以啓動了。只要實行「般若心經」，所有的願望都能輕鬆地實現，明知如此，卻什麼也不做，這就好比沒踩油門一樣。

什麼也不用想，不必決定期限或設定目標，也不須進行冥想，更不用準備特別的工具。

只要唸、抄、看、聽、默讀般若心經，成功所需要的東西全都會靠攏過來。你爲什麼不想開始呢？

的確，每天重複進行同樣的事情，或許你會覺得很單調並感到痛

苦，但是，連這一點都做不到的人，那他到底還能做什麼呢？再說，這是最簡單的方法。

就從現在開始，例如從「抄經」開始，不要想著什麼願望或要求，就像小孩子塗鴉似地，以這種單純的心情來實行，那麼，一天抄一卷，到了第一百天（一百卷），你就能獲得成功。比較快的人可能從第一天就感受到運勢好轉了。

重複做「唸經」、「看經」、「默讀經」的工作，就好像每天洗臉一樣，使其成爲日常生活的習慣，大約三個月，任何願望都能實現。

爲什麼停下你的腳步？爲什麼不從現在開始呢？

61

這麼方便的方法舉世無雙

色即是空這一節，相信大家都耳熟能詳，但是，關於其解釋卻因人而異，各有不同。隨便你怎麼解釋，不管它具有任何意義，這就是般若心經。其秘訣就是，與二七六個文字的意義完全無關，不受任何拘束。

這麼簡單的方法世界上只有一種。到底是什麼方法呢？那就是**「順其自然、毫不勉強地獲得成功的方法」**。

自古以來，我們所熟知的觀音，是觀世音菩薩的簡稱。我們並不是拜觀音或拜釋迦牟尼，這不是「般若心經」的作法，應該說我們才是觀音，才是釋迦。

傳說觀音有三十三個化身，以全世界四十億人口來說，應該有四

十億個觀音、四十億個釋迦存在。

換言之，只要你實行「般若心經」，打從心底安心地實行，這時，你就能成爲神佛、成爲觀音。

不需要訓練，不需要任何知識，只要實行就可以。在廣大的世界中，只有「般若心經」才辦得到。

除了聖觀音、十一面觀音、千手千眼觀音、如意輪觀音、不空羂索觀音、馬頭觀音這六觀音以外，你——就是第七觀音。而能發揮這種神通力的方法只有一種，那就是實踐「般若心經」。

現在就來唸經吧！一定會有好事發生

「摩訶般若波羅蜜多心經……」

現在就唸一次。只要花一分鐘唸般若心經，效果會超乎你想像的巨大。

但是，不要一心期待效果的出現，當然，也不必全盤加以否定。

「今天已經唸了五次，一定會有好事發生。」這樣的期待會造成不良的影響。

般若心經是「不可以祈求」、「不可以要求」、「不可以期待」的，只要不犯這些錯，一定會有好事發生。

可能會撿到錢，可能偶遇闊別五年的老朋友，或是老闆對你升職、加薪。

到底會發生什麼事情呢？這是因人而異的，因如何以「自然的姿態」實行般若心經而有所不同。

如果你以理所當然的方式進行「抄經」、「唸經」、「看經」、「聽經」、「默讀經」，一定能在社會上獲得極大的成功，保證可以成爲百萬富翁。不過，並不是我對你提出保證說一定能夠成功，一定能夠成爲百萬富翁，而是般若心經對你提出保證。

現在就來唸經，這天一定會發生好事，只要重複進行，以往你認爲不可能辦到的事情都會一一實現。

請立刻唸一遍般若心經。只要這麼做，你就能夠在幸運中積極地邁向人生大道。

一邊笑一邊唸經

潛意識擁有萬能的力量，因此，喜歡「笑」，喜歡「開朗」，喜歡「活潑」。擁有積極的態度的人，就能得到積極的效果。

潛意識能夠給予積極的人力量，那麼你實行「般若心經」的五大力時，也能獲得積極的效果。

「笑爲百藥之長」、「福至笑門」是不變的眞理。

不要愁眉苦臉的，應露出笑容來唸經。一邊笑一邊唸經，願望就能儘早實現。

「一邊笑一邊唸經的人，就有福來到」。

般若心經

放輕鬆是實現願望的秘訣

有位名人曾說：「無論遇到什麼事，都要放鬆肩膀的力量。」不論是搏技或音樂，或實踐般若心經時，也是同樣的情形。爲什麼呢？因爲放鬆肩膀的力量才能使全身放鬆。

一旦肩膀用力，就會造成「肉體」動作彆扭，連帶的精神也會緊張，而導致不良的結果。

最能發揮潛意識的力量，就是去掉多餘的力氣，全身放輕鬆時。如果你希望得到「潛意識」與「般若心經」相輔相乘的效果時，則務必「放鬆肩膀的力量，放鬆自己」。

「**潛意識＋般若心經＝願望實現**」這個公式就出現了，放鬆正是秘訣所在。

某天早上你會成為百萬富翁

「今天的心情比以往的任何一天都來得愉快，這是怎麼回事呢？」然後很自然地脫口唸出般若心經。在這天早上，你就成爲百萬富翁了。

所謂百萬富翁，並不是說擁有百萬元就是了，否則，偷來一百萬元、撿到一百萬元、借貸一百萬元的人，都是「百萬富翁」了。事實並非如此。這個百萬富翁要能使錢永遠留在他手上，而能使「百萬」經常留住的就是「般若心經」。當「般若心經」流通你的體內時，你就成爲成功者。

每天重複進行五大力，打從心底感到快樂的日子就會到來。這時，你會很高興地實行般若心經，那麼，成功就近在眼前。

有一天，你就會自覺已經成爲「百萬富翁」了。

威廉・詹姆斯曾說：

「不論在什麼部門，在教育的結果上絕不能使青年感到鬱悶，這樣子他們才會發揮所長。等到某個晴朗的早晨，睜開眼睛時，他們就會成為自己所選的領域內的有能力者。」

我覺得「**教育**」替換成「**般若心經**」，整個意思是一樣的。

有一天早上，你會發現自己是個百萬富翁。

66

般若心經會改造人類

斷食、瑜伽、冥想、塑身等，都是人類改造法的一種，但是，我不知道還有哪一種方法會比般若心經更簡單，而且，它也不是一件「苦差事」。般若心經的世界是與難行苦行完全相反的世界，你可以輕鬆地成爲自己想要成爲的那種人。誰都能夠實行五大力，完全毋須在意場所、時間、形式等問題，而且只要持續修行幾十年就能夠得到「人類改造」。

「**唸經**」能給你帶來打從體內湧現的活力與自信。

「**看經**」能使你的集中力提高三倍。

「**默讀經**」能使精神穩定。

「**聽經**」能開發你的右腦。

「**抄經**」是平靜與衝勁的平衡法。

不必勉強自己，就能輕鬆地進行人類改造，這是般若心經的優點。你不會覺得痛苦，不必特別努力，就能成爲理想的自己。最重要的就是，要儘早實踐五大力，實踐、實行是關鍵所在，也是重點，希望你能夠儘早開始。

不需要設定目標或計畫

一般而言，爲了成功必須設定「目標」，而且要有具體的內容與期限。

「希望英語進步」，這是不行的；「明年五月要通過托福考試」，須訂定這種目標。而爲了實現目標，就必須訂立計畫。「每天背十五個單字」、「聽三十分鐘的英語會話錄音帶」，像這樣訂立行動計畫的內容。

但是，對我們而言，還是有一些不需要「目標」或是「計畫」的方法。

或許你會問：「這樣能夠獲得成功嗎？」告訴你，從釋迦時代開始，已經流傳二千五百年的「般若心經」就是這種方法。如果它不具

有威力，老早就被古人棄之如敝屣。然而，到了二十一世紀仍然非常盛行，就證明它的確可以使人獲得成功。況且，如果你知道很多成功人士、百萬富翁、政治家也都實行般若心經，你就不會懷疑了，反而希望能夠儘早開始呢！

爲什麼不需要設定「目標」或「計畫」呢？因爲這是「不自然」的作法。當然，這麼做也能獲得成功，但是，在般若心經五大力不可思議的願望達成法之前，這是不必要的行爲。最重要的是「**順其自然**」地進行，放鬆自己，一邊笑一邊唱歌，一邊快樂地進行。不需要目標，不需要計畫，我們也能獲致成功。

68

你也能成為藝術家

從大腦生理學的觀點來看，右腦、左腦各司不同的功能。

像數學家、物理學家是以左腦爲主，而音樂家、藝術家則是右腦比較發達。

左腦控制右半身的運動神經系統，而右腦則控制左半身。在右腦開發方面，有人主張進行左手的訓練最爲有效。

如果你也想成爲一個藝術家，最有效的辦法就是實踐「般若心經」。般若心經能使潛意識活性化，同時也能開發右腦，也就是說能夠磨練出藝術家的感覺。

在此爲各位簡單說明潛意識。

當我們清醒時，掌管潛意識的主要是「右腦」，而在睡覺時也

是。根據摩菲博士的「睡眠成功法」，潛意識二十四小時充分運轉。
在此，將睡眠成功法稱爲A說法，而我要加入新的B說法。

潛意識A：二十四小時持續活動，因此能夠「一邊睡覺一邊獲得成功」。

潛意識B：清醒時與潛意識關係密切的是「右腦」。為了開發右腦，要實行「般若心經」。

也就是說，般若心經能使潛意識的活性化提升到最高，你一定能成爲藝術家。

69

神奇力量就在於此

不需要往外探尋桃花源、尋找青鳥，因爲在你的眼前就有隱藏著「神奇力量」的桃花源、青鳥。

要求些什麼？成功、繁榮、財富、進步……，如果向外祈求這些東西，可能窮一生之力，到最後什麼都沒有得到。

在你的手中已經握有成功，只要自己召喚幸運到來即可，實在不必向外苦苦追求。

所有你想追求的東西都存在於這個世間，既然已經存在，當然就能夠得到。具有神奇力量的般若心經，非常簡單就能夠做到，請儘快實踐它。

70

只要擁有規律就能進行順利

我們生活於「規律」中。生命根源所在的心臟，以一定的規律跳動著；又像大自然，春天之後不可能緊接著冬天。

周遭的一切在在顯示我們是生活在「規律」當中。

我們只要能夠合乎「規律」，順利前進，我相信就一定能夠輕鬆地獲得成功。所以，實踐般若心經時，創造規律比較好。

一邊哼歌一邊抄經，或是一邊唸經一邊用腳打拍子，或是一邊看經一邊跳舞，或是一邊默讀經一邊打響板，或是一邊吹口哨一邊聽經，都不會妨礙其作用，一定要自由地賦予節奏，進行五大力的實踐。只要是以自然的規律進行，就一定能夠順利進行下去。

在美國的空手道道場，會一邊播放流行音樂一邊進行訓練，配合

搖滾音樂強烈的節奏，而進行「踢」、「搓」等動作。外國選手在空手道比賽中也頗爲活躍，這是因爲他們產生「有規律」的動作。

般若心經也是同樣的道理。只要規律地唸經、規律地抄經，不拘泥形式，你就能夠召喚幸運到來，獲致美好的結果。

五大力的實踐一定要很有規律地進行，如此必能使願望實現。

般若心經其實是包括人類在內的「生命規律」。生命規律、自然界的規律都是般若心經的一部分。初學者與其「有意」賦予規律來實行，還不如順應大自然的規律。

習慣以後，即使沒有意識到，也會「很有規律」地進行，的確讓人感到不可思議。過度在意「規律」反而會造成不自然，放鬆力量、輕鬆地進行才是實踐之道。

雖然簡單，但力量極大

般若心經的五大力是「唸經」、「默讀經」、「抄經」、「看經」、「聽經」，只要能以這五點實踐般若心經，就可以召喚幸運到來。

「就這麼簡單？」

雖然簡單，但效果極大。

不過，要持續進行百日，這是最低的條件。但有時只實行一次就能產生效果，甚至出現過因此而成爲百萬富翁的例子。

然而我相信，各位所要求的是「永遠」的成功，所以，我建議各位採取「**百日實踐**」法，使這種神秘的力量能夠流竄體內各角落。與其只進行一次，不如實踐百日，這樣才能保有永遠的成功。如此簡單

的五大力，爲什麼不持續進行呢？

人類的意識大致可區分爲兩種，即顯意識和潛意識，而潛意識更是能使你實現願望的關鍵。

再加上「般若心經」偉大的力量，你的願望實現就能很快達成。這是因爲般若心經具有使潛意識活性化的力量。

能夠以單純的方法運用潛意識就能使效果大增，而這當中最適合、最有效的方法，就是本書一直強調的「般若心經五大力」。完全不需要設定「目標」、「計畫」等複雜的手段，你只要去做，實踐它就已足夠了。

72

唯我獨尊並不是自私自利

釋迦所說的「唯我獨尊」，與常人所言的自私自利是不同的。一萬人有一萬個「魂」，四十億人就有四十億個「魂」，釋迦教導我們「**要重視自己**」、「**把每一個他人都當成自己**」。

每天實踐般若心經，你就會對他人表現親切，不會勉強他人，一切都「順其自然」。

如果能正確認識唯我獨尊的意義，那麼，這個世界就不會有自私自利的行爲，而且每個人都能建立一個實現夢想、召喚幸運的美好世界。

所謂「獨尊」，並不是只尊敬個人，而是把每個人都當成值得尊敬的人，重視他人的生存方式。

所謂「唯我」，也不是單指個人這種狹隘的想法，而是顯示出有「我」存在的客觀事實。

「有我這麼一個人。而大多數人，每個人也都和我一樣。所有生命都是值得尊重的。」這種尊重他人的想法才是唯我獨尊的本義。

同樣的誤解也出現在「般若心經」中。

有些人認爲，既然是「理所當然」、「順其自然」的世界，那麼做不做都是一樣的，不必太努力。既然一切都是空，就擺出虛無主義的姿態，這根本就是錯得離譜的觀念。事實並非如此，般若心經是不偏不倚，也沒有僞裝的世界。

唯我獨尊並不是自私自利，而是尊重他人的表現，般若心經也不是虛無主義，而是理所當然地產生力量的世界。

隱藏著超越理論的力量

談到理論和道理，當然不可能光靠閱讀組合的文字而獲得成功。但般若心經卻隱藏著超越理論的力量，如何證明呢？

那就是許多一流的經營者早晚唸經、政治家抄經都獲得成功，願望陸續達成的例子也很多，這些「事實」都可以證明。

我們不了解車子的構造，卻會開車，而般若心經的「理論」、「道理」就好比是車子的構造，駕駛相當於「般若心經五大力的實踐」，只要你實行，車子就能發動，也就是說願望就能實現。

談到潛意識，當然存在著理論，但是卻沒有「般若心經」的存在。當這兩者相遇時，不只是產生等差級數的效果，而是等比級數的效果。事實上，光靠潛意識或光靠般若心經，我們也能成爲成功者。

不過，當這兩者相輔相乘時，連我們難以想像的「夢想」也都能實現。

擁有願望有一個條件，那就是「**儘可能擁有大願望**」。爲什麼呢？因爲若是願望太渺小，就不易達成。

「想要成爲董事長」、「成爲經理即可」，這時，後者當然無法成爲董事長。因爲後者只停留在經理階級，而前者好的話會成爲董事長，差的話也有僅次於董事長的職位。

「我們會成爲自己所想像的人」，所以，要儘可能擁有大願望，藉著具有超越理論的力量的「般若心經」來實現。

74

只要合掌實行就能實現願望

人類最美麗的姿態就是「與事物結合爲一體時」。像排球選手投入比賽中時，就是呈現出這種全神貫注的姿態。也就是說，「我」的意識完全消失了，亦即般若心經的「空」。

一旦融入般若心經中，這時你就成爲成功者。這個時候，很自然的就會雙手合掌，當一個人打從靈魂深處感謝時，就會雙手「合掌」。這個合掌的姿態會使般若心經與自己結合爲一體。

從左、右掌各自放出陰與陽的能量，當正與負貼合時，就等於「零」。也就是說，形成般若心經的「空」的世界。

在你「唸經」、「看經」、「默讀經」、「聽經」時，會不會雙手合掌呢？

8
10

在唸經時感覺舒服

有些事在別人眼中看來是「好痛苦啊」，但當事者卻是「樂在其中」。爲什麼會有這種差異呢？

重複實行般若心經的五大力，有的人會覺得「眞是麻煩」，有的人卻感到「好快樂」。哪一個人能獲得成功呢？當然是「快樂」地實踐的人能成功。

如果你在實踐五大力時，感覺「好快樂」、「好輕鬆」、「眞美好」，這時就是眞正的快樂。也就是說，表示潛意識已充分發揮作用。

在唸經時感覺舒服，你的願望就會實現。而「覺得舒服」就是一種成功的象徵。

例如在柔道界被稱爲天才的「木村政彥」，與很有元氣的新人陸續過招後，他當然也會感到疲累。但是過了這個時期以後，他會覺得「好舒服」，後來就能輕鬆地與他人較量。這個「舒服」就是成功的關鍵。

不要「因爲那兒有山，所以爬山」，而應抱著「爬山很快樂，所以爬山」的心情。實現願望也要輕鬆地進行，那麼，也能輕輕鬆鬆地召喚幸運前來。

吟唸般若心經時，感覺舒服而美好，那麼你就能眞的有所得。再高一級的階段就是超越了「舒服」；能在無意識中進行「呼吸」，然後突然發覺般若心經已脫口而出。總之，首先必須要覺得舒服才算合格。

當你想著「要實行般若心經」，這天就是你從初學者階段畢業的日子。期待你的這一天早點到來。

般若心經與潛意識相乘會帶來無限的力量

潛意識具有萬能的力量，能夠使你的願望全部實現，但是，目前身體不健康的人，你會打從心底相信自己是「健康」的嗎？沒有錢的人，你會眞切感受到自己是「百萬富翁」嗎？如果你做得到，當然就不成問題，可是，通常一般人都做不到。

雖然了解潛意識的力量，但實際上卻很難做到，這時，你所擁有的最佳武器就是「般若心經」。在勉強相信「我是健康的」之前，請你唸一唸經文，或者採用「聽經」、「抄經」、「看經」、「默讀經」之中的任何一種方法。每一次實行五大力之一，你就會眞的相信「我是百萬富翁」這句話，眞是太奇妙了。

等到相信以後，藉著潛意識的力量實現願望，你就能安心了。所以，你只需要實行般若心經。

本書中一再提到「實踐」、「實行」、「進行」般若心經，這就是要各位去進行五大力。不一定要全部都做，可以配合ＴＰＯ（時間、地點、狀況）來實施。

即使是愛因斯坦，也只用了百分之幾十的大腦，而我們這些平常人，可能只使用百分之幾的腦就死去。這眞是浪費，不是嗎？

當般若心經的五大力與潛意識的偉大力量互相結合時，就會產生無限大的力量。這時，我們的「腦力」才能充分運轉。

77

順利考上國立醫學院的男子的秘密

我的一位朋友K先生，我們算是舊識了，但我從來沒有看過他用功的時候。

很久以前，他曾打電話告訴我：「我已經考上醫學院。」看來相當輕鬆的他，到底是從什麼時候開始用功的呢？

他的發展一直相當平順，目前在千葉縣開設診所，頗有名氣。事實上，他成功的秘密就在於「般若心經」。

他所採用的方法就只是「看經」而已。

他在車內貼了好幾張紙片，紙上寫著一些文字，但是看起來相當破舊，仔細一看，原來是「般若心經」的影印本，他所實行的就是五大力之一——「看經」。

在考上國立醫學院之前，他在房間內、車內貼上印有般若心經的紙片，有空時就凝望一番。

「每當看經文的時候，我就覺得心情平靜、力量湧現。」這是K先生的感受。

不只是要考試的學生，想要順利通過各種資格考試的人，都請實行般若心經。K先生是個例子，所以各位無庸置疑。當然，不光是「看經」，也請你實行其他的五大力。

有趣的是，K先生從未看過解釋心經字句意義的書，也就是說，他幾乎不了解般若心經的意思，但是他的願望實現了。

「**知識不是力量。開始實踐才會發揮效力。**」這句話由此獲得證明。

「看經」的力量的確驚人，各位應當嘗試一下。

利用般若心經中獎

般若心經會爲我們帶來幸運。

我認識一位女士，就因而中獎得到五十萬元。但令人驚訝的是，這是在她實踐般若心經不到一個月內所發生的事情。

不只是這位女士，我們每個人，都可以利用般若心經召喚幸運降臨。而由她的例子，也可以知道實踐結果與「時間長短」並無關聯。當然，我設定「一百天」爲一個完全時期，但信念力強烈的人，可能實行當天就成爲百萬富翁，這也不是不可能的。

一般的成功法都會訂定目標和計畫，考量周詳，但活用潛意識的般若心經式成功法，不需要這些就有可能實現任何願望。所以，就算你想中大獎也是可以的。

也許，不斷存錢能達到目標。但是，你不必詳細地計畫或訂立實行步驟，你只要決定好希望達到的金額，然後抱頭大睡就可以了。如果潛意識發揮了作用，在「唸經」時你就能中獎，而且願望越大越好。

自己開店做生意的M先生，從女朋友那兒回家時，撿到一大筆錢。當然，有人會把它當作是橫財。而M先生則得到遺失者贈與的五十萬元。M先生有每天唸經的習慣。

你也可以利用般若心經中獎。

遇到問題立刻實行

當遇到問題時，有些人會依賴神明。

不斷向神明祈求：「請幫助我！」

但是與其祈禱，不如實行般若心經。般若心經能對你的潛意識發揮作用而使願望實現，而信念力提高，精神力會強化，集中力也會提高，是非常好的秘法。如果你一味地向神明祈求幫助，很少能獲得成功。

遇到問題時，請立刻實行。唸經也好，或是抄經、看經、聽經、默讀經也可以，利用這五大力，問題就能夠獲得解決。

應該如何面對「問題」呢？如果你希望獲取更美好的人生、更快樂的生活，不免會遇上難題，完全沒有進步才不會發生問題，有問題

其實是值得慶幸的事。這就證明你已經開始進步了！

另外一個有關「問題」的看法，就是以比例而言，你的比例已經增大了。

例如，掉了一百元時，有的人便會急急忙忙地尋找，認爲這是一個問題，但另外一些人則認爲上億元的出口金額才是問題。其金額比例的大小，會顯示一個人看待事情的輕重。所以——

一、進步就是問題。問題是進步的象徵。

二、問題的比例直接表現出一個人心中的比例。

一旦碰到了問題，請立刻實行般若心經，就能迎刃而解，輕鬆度過。

80

般若心經是美人製造機

減肥法也好，健身法也好，甚或食物療法、美體雕塑等美容法，大都是由「外在」追求美麗。

般若心經會改變個人的內在，使美由內散發出來。所以，光是依靠各種器具，卻不重視營養平衡，也不可能減肥成功。

同時，也不要利用整容手術來割雙眼皮、隆鼻。

世間的人當然長相各異，如果你一味地與他人做比較，徒增痛苦而已。

釋迦說人有「五慾」：食慾、睡慾、利慾、色慾、名慾。

如果是一個原始自然的自己，應該滿足於眞我。如果硬要和他人做比較，「我不如人」、「那個人才是美人」等自卑心態就會侵蝕你

的自信。

利慾、名慾是「想要有錢」、「想要有地位」的慾望，而與他人做比較正是「利慾」的表現。維持自然的眞我不是很好嗎？

只有由內在散發「美」的訊息的人，才能在外表也予人「美」的感覺。光是追求「外在」的美麗是沒有用的。

人在談戀愛時會變美，就是因爲內在愉快，所以形諸於外。而般若心經則能使女性比談戀愛時更美麗，所以從現在開始實行吧。般若心經是不需要花錢的美人製造機。

81

視為理所當然，不必奉若神聖

「般若心經」並不是神聖不可侵犯的東西，不必將它供在神壇上膜拜。

不用膜拜它，只有實際進行才能彰顯它的價值。有些人非常了解般若心經的內容，一字一句都解釋得相當詳細，但是，般若心經並非神聖不可侵犯的，即使用腳踩它也不是什麼要緊的事。

若以爲般若心經是非常偉大的，不可侵犯，那麼釋迦會笑著告訴你：「般若心經並不是什麼偉大的東西。」它之所以偉大，是因爲實踐它能喚醒你沉睡的能力。

般若心經的內容，一言以蔽之就是「**自然的生活**」。關於這一點，在二七六個文字當中反覆談及。自然的生活在釋迦的教誨中就是

一種「好事」，但是光是如此，和什麼也不知道的人沒有兩樣，因爲沒有付諸實行。

我非常贊成有人將般若心經的經字換成「行」，你不要把它當成單純的經文，付諸「實行」才能見其偉大之處。

慢跑有益健康，光是「知道」這個道理是沒有用的；般若心經也是同樣的道理。雖然知道它的內容很好，但是不去實行就無法產生效果。一大清早就出門慢跑，才能體會它的好處；般若心經也是同樣的，只有實際體會五大力的神奇力量，般若心經才有意義。

最重要的就是要理所當然的實踐它。

82

釋迦能夠前進七步，你也做得到

釋迦說：「天上天下唯我獨尊。」這是祂在走了七步之後所說的，到底這七步意味著什麼呢？

走路只是舉例說明，其背後眞正的意義就是要「實踐」。實踐什麼？當然是般若心經。不只是實行而已，要利用與「信念」、「潛意識」、「願望實現」互相結合的方法來實踐。

均衡地實行「聽經」、「看經」、「抄經」、「唸經」、「默讀經」這五大力是最重要的。

所謂七步，意味著「實踐」、「行」、「實行」。般若心經並非空有理論的世界，它是重視體驗的世界。重點在於身體力行，你也做得到！

天上天下唯我獨尊

幸運機會到來

你不必去追求想要的東西，想成爲的理想像，或是名聲、地位，拚命追求沒有任何意義可言。因爲般若心經神奇的力量，能夠召喚幸運自動來到身邊。

你不必汲汲營營地製造機會，幸運機會就會自動拜訪你，很難相信有這麼好的事吧！

只有一個條件，就是實行般若心經時，要經常保持「**陽氣**」。

「般若心經是不受任何束縛的世界，那麼，爲什麼要限制用陽氣來進行呢？這不是自相矛盾嗎？」或許你會提出反駁。誠然，般若心經是不受任何束縛的世界，可以隨心所欲地進行，然而，隨心所欲的人原本就是充滿「**陽氣**」的人。

就以嬰兒來說好了，他們不就經常表現出充滿「陽氣」的一面？即使是哭泣，也讓人感覺「有活力」。你曾看過緊張、痛苦、焦躁的嬰兒嗎？你曾見到嬰兒因爲他人說了什麼而感到介意嗎？

要利用像嬰兒般的「陽氣」來實行般若心經，這樣子，幸運機會就會來到你身邊。你不必訂定任何計畫，自由自在、輕鬆地享受人生，而且每個願望都能實現。

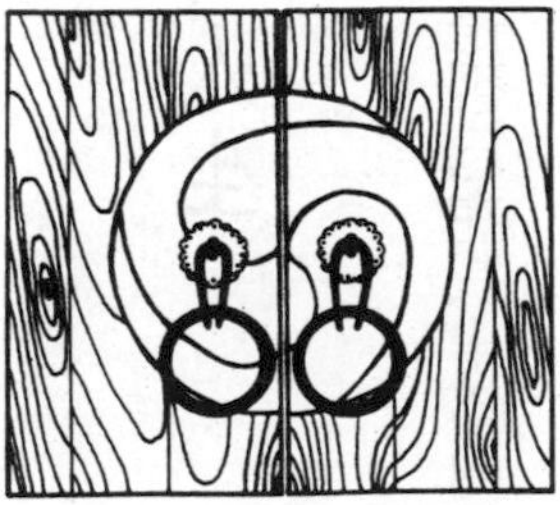

84

積極過著樂天派的人生

人生若有八十年那麼長，那你是否已在八十年內得到自己想要的喜、怒、哀、樂了呢？般若心經是西元前五百年的釋迦的教誨精華，到了二十一世紀，則由我們加以「實踐」。釋迦的主張是：**八十年的人生，我們一定要努力度過，好好珍惜。**

不要拘泥於小事情；如果有空批判他人的批評，不如好好地自我磨練；不要在意他人的話，隨心所欲、自由自在地過自己的生活。這一切釋迦就以「空」來表現。

我們的義務就是樂天地度過上天所賜予我們的人生，當然，不是要你勉強地裝出樂天的樣子，而應該自動自發，積極地過著樂天派的人生。

　　二千五百年前釋迦的教誨，直到今天仍能實踐，每想到這裡，我就感到非常快樂。爲什麼呢？因爲憂鬱痛苦、快樂積極，同樣都要過完這一生，那麼，我希望過著樂天派的人生。

　　遇到討厭的人物、痛苦的事情時，就請唸般若心經吧！藉助其他五大力亦可。每唸一次經文，或是抄經、看經、聽經、默讀經，你就會變得非常有活力。

　　到了覺得「何必為這些小事煩惱呢？」時，你就開始步入眞正的人生。眞正的人生是什麼？當然是樂天派的人生。

般若心經的生活方式

如果你希望所有的願望都能夠實現，那就請過著般若心經的生活方式。當然，也要實踐五大力。

什麼是般若心經的生活方式呢？

那就是下雨時爲植物感到喜悅，出太陽時爲農夫能下田耕作而打從心底感到喜悅的生活方式。換言之，在雨天抱怨「很不方便」，在晴天說「天氣熱得受不了」的人，心中只有不滿和埋怨，他們就是過著和般若心經完全相反的生活。

般若心經的生活方式，在行動方面以「五大力」爲主，精神方面則是對萬事萬物都抱著積極的想法。這種生活方式正是「實現願望」的捷徑。

另外一點是技巧性的「手段」，可以當成輔助的工具，那就是只要笑就會覺得快樂。

亦即「行動」能夠創造「心靈」，就算你沒有錢，也要展現像百萬富翁的行動；就算生病，也要裝作健康的樣子，如果能這麼做，心靈一定會產生變化，會產生積極的作用。這種「般若心經」的實踐才能成爲最佳的力量。

你難道不想試試，能隨心所欲地獲得成功的「般若心經的生活方式」？

86

再大的願望也沒有關係

你無法得到超出願望以上的東西，無法得到超出願望以上的地位。

相撲選手二子山就曾經說過：「因為想要成為橫綱（相撲界冠軍）而拚命地練習。」也就是說，如果缺乏想要成爲橫綱的信念，就無法成爲橫綱。所以，如果欠缺想要成爲董事長的信念，就無法成爲董事長。

由此可知，願望越大越好。如果你自我設限「只要得到一千萬元就夠了」，那你就只能得到一千萬元。如果擁有「想要得到一億元」的信念，相信一定能夠產生更好的結果。

當成潛意識活用的文字就是「冠軍」，像世界重量級拳擊的好手

穆罕默德‧阿里，曾持續向他人誇下豪語：「我是最強的冠軍。」

這不但是一種自我暗示，也可以說是在潛意識當中灌輸自己的願望。他也的確成爲世界上最強的冠軍。實力比他強的選手不是沒有，但沒有像他這樣活用潛意識的人。他所說的「我是最強的冠軍」這句話，與般若心經的「唸經」具有同樣的效果。

他說到，人類本來就擁有無限的力量，也就是說，每個人都有潛力成爲「冠軍」。

他實行屬於自己的「唸經」，藉此獲得冠軍。

不管你有什麼願望，越大越好。只要秉持信念實踐般若心經，願望必可實現。

在洗澡時唸經能使全身煥然一新

很多人喜歡泡溫泉，享受全身放鬆的快樂。這時，身體放輕鬆，全身也獲得解放，就是發揮潛意識的好時機。

放鬆全身，臉帶笑意地吟唸「般若心經」。

只要幾分鐘，你就會發現，自己正處於以往未曾體會過的放鬆境界。你會感到似乎每一細胞都煥然一新。

在洗澡時快樂地唸經，在休閒時輕鬆地實行般若心經的五大力，效果倍增。

例如，一邊看電視一邊抄經，或一邊聽音樂一邊看經，或一邊慢跑一邊唸經，隨心所欲地組合搭配各種方式，不要拘泥於固定的形式。

但是根據我的經驗，一邊吃東西一邊進行是最不好的，我試過好幾次，無論怎麼組合搭配都不行。然而，若你實行以後感覺舒服、湧現活力，那麼這方法就是適合「你」的，可以實行。

進行般若心經沒有什麼限制，鐵則就是「**不受任何束縛**」，所以，不必要對實行的方式做各種限制、規定。

今天洗澡時就唸唸般若心經吧，相信身心都會爲之煥然一新。

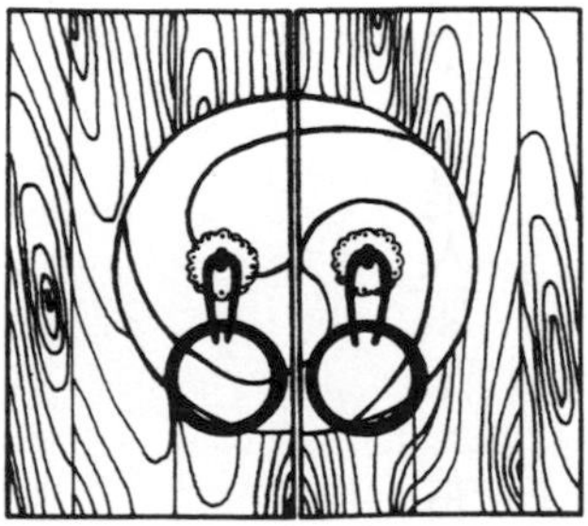

創造力泉湧

既是藝術家又是科學家的達文西，正是人類左、右大腦平衡發展的最佳例證。

實行般若心經，左、右腦自然就能平衡發達，既能掌握邏輯性，也能產生創造力。

「唉！都沒有什麼靈感。」當你這麼感嘆時，請試著實行般若心經，保證你會成爲靈感泉湧的人。

創造力不像「1＋1＝2」這種邏輯是可以計算出來的，「一」可能成爲「百」。例如，蘋果從樹上掉下來這麼簡單的事，卻成爲「地心引力」這個定律的引子。毫無例外的，有大發明、大發現的人都是具有創造力的人。

至少實行五大力一百天，就會湧現連自己都感到驚訝的創造力。請務必實踐般若心經。

創造力的培養大都是以意志力來進行的，例如放大看看如何，組合起來又是如何，這些例子的一個創造就是，在鉛筆的尾端附上一小塊橡皮擦。

但是，這種方法是基於道理、理論所想出來的，並非真正的「創造力」。所謂創造力，就像米羅雕刻維納斯女神像一樣，是不受約束的自由創作，也就是般若心經的世界。

蘋果掉在地上↓地球吸引蘋果↓互相吸引，牛頓的發現絕不是以道理想出來的，而是從「不受拘束」的狀態產生的，這就是一種「般若心經」的表現。

想要湧現創造力，就請實踐般若心經。

想像、冥想非常重要

一邊「聽經」一邊冥想，你就能以驚人的速度成爲成功者。「聽經」時，聽自己所錄製的心經或聽他人的聲音都可以，重點在於「聽般若心經」。這時候，可以想像自己的理想像，產生實際的感受以後，實現的日子就不遠了。

自古以來，聖人都會實踐冥想，像是釋迦牟尼、耶穌、穆罕默德等人都曾這麼做。我們又知道了五大力之一的「聽經」的秘法，再加上這個力量，我們每個人也都能夠成爲偉人。般若心經就具有這種力量。

一邊想像自己的理想像，一邊進行冥想，當然也要「聽經」。

故舍利子
色不異空
空不異色
色即是空
空即是色
受想行
識亦復

90

養成做任何事之前先唸經的習慣

每當有動作之前，有的人就會喊「加油」，我認爲這是很浪費的事情。爲什麼呢？因爲利用「色即是空」、「不增不滅」、「般若心經」這些語句來代替加油的話，就更能成爲成功者了。所以，首先要養成以般若心經的文字代替加油，隨時脫口而出的習慣。

其次，不只是動作，在考試前、跑步前、搭車前，做任何事之前都要先唸經。

請教在奧運中屢創佳績的美國選手秘訣何在，他們在比賽前一定會「唸經」，但是唸些什麼呢？

那就是「耶穌基督」、「阿門」。

我非常希望每位選手在比賽前，也能口唸般若心經的一節。

如果能徹底實行，就算不增加練習量，甚至減少練習量，也能夠拿到金牌。而且，在比賽中也要唸經，因爲能夠提高獲勝的可能性。

不只是運動，無論是書法、歌唱或做學問，在過程當中實行般若心經就能使你更爲進步。所以，請各位一定要養成習慣。

91

輕鬆成為百萬富翁

想要輕鬆地成爲百萬富翁，就要把脆弱的願望提升爲強烈的信念。

相撲選手二子山就曾在入門時發誓說：

「秋天時要成為橫綱！」

這就形成強烈的信念。

此外，世界拳王阿里在剛開始打拳時也說：

「我是最強的冠軍！」

上述皆是「信念」堅強而引導成功的例子。想要拿冠軍的人會把自己的願望刻劃在潛意識當中，你也要把強烈的信念刻劃在潛意識當中。

不能只是「啊！我想成爲什麼」的脆弱願望，而是「我絕對要成爲什麼」的強烈信念。如果擁有強烈的信念，再加上實行般若心經，就能夠獲得成功。

有種說法是這麼認爲，「不是因爲悲傷而哭泣，而是因爲哭泣而悲傷」。亦即行爲會對心靈造成影響。

要讓病人相信「我是健康的」是很困難的，而要讓沒錢的人擁有「我是百萬富翁」的信念也是很難的。

但是，卻有行爲影響心靈的解決法。裝作健康的樣子就能擁有健康的心靈；裝作百萬富翁的樣子就能擁有百萬富翁的心靈，這樣的心靈倒過來反而能影響行爲現象。也就是說，能夠使你獲得健康或成爲百萬富翁。

最後的階段是實踐般若心經的五大力，就可以輕鬆地成爲百萬富翁。

物以類聚

這兒所說的物以類聚並不是指性格同類，而是當目標或方向一致、接近時，屬於「同類」。大致可以分爲陰與陽兩群，成功者當然是屬於陽的這一群。

我們甫出生時屬於「陽」，這點只要觀看嬰兒就知道了，他們都是不垢不淨、隨心所欲地生活著，可能會舔廁所裡的拖鞋，可能會玩地上的污水，但是嬰兒卻經常「笑」。即使他們哭了，看起來也很可愛，這就是一種「陽」的表現。

也就是說，我們與生俱來便是「積極的人」，但是當壓力積存，或受到他人的批評影響，就會變成「消極的人」，而消極的人只會聚集消極的同類。

反過來說，在積極的人身邊就會聚集積極的人。因此，你加入其中就會受到「感化」。

正因爲物以類聚，所以在實行般若心經者的身邊，很自然就會吸引般若心經的同好。

而實踐般若心經的五大力者，全都能夠成爲成功者、百萬富翁。你只要安心地實踐般若心經，成功者、百萬富翁就會不斷地聚集到你身邊。

93

使不可能成為可能，視奇蹟為理所當然

「我的字典裡沒有不可能這三個字。」你絕對也能像拿破崙那樣誇下豪語。

「我與奇蹟無緣，因爲任何事情都已經理所當然地完成了。」你是否這麼想呢？

想要使不可能成爲可能，或使奇蹟變得理所當然，該怎麼做呢？當然是實踐本書一再強調的般若心經五大力。「但是人類做不到的事還是很多吧？」如果你有這種疑問，那你就是無法捨棄「道理」的人。「人類本來就具有無限的力量，所以沒有不可能的事情。」敢如此斷言的人一定是信念堅強的人，必定能夠成爲成功者。

一般人視根本不可能發生的事情爲「奇蹟」，但在般若心經的世界裡，把一切都看作「理所當然」。

釋迦說過：「所有的物都是客觀的存在。」也就是說，沒有奇蹟。所有你不相信的事情，不能就認定那是「奇蹟」。

般若心經沒有所謂的不可能，視奇蹟爲理所當然，亦即表示你的願望全都能夠實現。

即使你的願望很大，認爲現在根本不可能會實現也不要緊。判斷不可能的是「頭腦」，也就是說，這是理論世界的說法，但我也一再說過了，般若心經是超越道理與理論的世界，你的這種判斷根本無用武之地。

能夠使不可能成爲可能，並使奇蹟都成爲「現實」的，就是「般若心經」的實踐。

94

與其吃藥，不如實踐般若心經來得重要

藥，包括眞正的藥在內，象徵著「依賴他人」。感冒、頭痛、肚子不舒服的時候，很多人動不動就是吃藥再說。

或是動不動就依賴「神明」，一點小錢也伸手向別人借。這樣下去是沒完沒了的。

在自己的人生當中，除了眞的需要別人幫助的情形外，還是應該依靠自己的力量。

與其吃藥、依賴他人、依賴神明，不如把時間用來實踐般若心經的五大力，如此能夠產生數十倍的效果。

95

具有開發右腦的最大力量

與掌管邏輯、語言、記憶的左腦相對的，主司創造力、感情、音樂的右腦，和潛意識有很密切的關係。而超越理論的般若心經，則是「**右腦開發**」的最佳武器。有趣的是，二千五百年前釋迦的教誨，搖身一變成爲現代的最新武器。

有規律地吟唸般若心經，能有效刺激右腦；不必去想它的意義，只要凝視經文；或是聽有規律的般若心經錄音帶，這五大力都有助於右腦活性化。

但是要注意，必須每天重複進行，不可間斷，才能開發右腦，有助於潛意識的活動。

右腦開發的特效藥就是般若心經。

96

LET IT BE是般若心經

披頭四合唱團藉著唸般若心經而成為百萬富翁，你相信嗎？

他們唱的是西洋的般若心經，即知名歌曲「LET IT BE」。意思是「**隨心所欲**」，其內容與般若心經的「空的世界」完全相同。

如果你精通英文，那麼你也可以不要「唸經」，改唱LET IT BE；或不要聽經，改聽LET IT BE。

在此要注意的就是，我所謂的「聽經」是聽過就算了，不需要集中注意力地側耳聆聽。

就像聽音樂似地「聽經」，不要把注意力放在經文或歌詞上頭，用全身去體會它的節奏就夠了。般若心經的五大力就是絕對不受任何束縛，因此聽LET IT BE也無妨，不必拘泥。

我們可以這麼說，「LET IT BE」就等於「般若心經」，請輕鬆地嘗試，就能輕鬆地獲得成功。

97

受欺負的孩子成為班上的領導者

唸經、抄經、看經、聽經、默讀經這五大力，使一位孩子成爲班上的領導者。

他在實踐般若心經以前，一直是屬於「被欺負」的那群，但是在每天實行以後，使他徹底地達到「人類改造」。

原本蒼白、瘦弱的少年，每天實行五大力，因而成爲充滿力量、具有「自信」的人。原本不敢跟我說話的他，現在已經能夠神色自若地發表心得，甚至也會開開小玩笑。

後來，他還被選爲學生會副會長。

使他轉變的關鍵就在於般若心經的五大力。你也一定要實踐哦！

副會長

98

你即將成為大成功者

般若心經召喚幸運的秘法，並不是一步一步地前進，有時甚至是如飛躍般地接近願望的實現。只要活用潛意識，你可能會在某個早晨驚訝地發現突然獲得成功。

只要你實行了般若心經，就已經是個成功者，即使自己還感受不到變化，但是，突然實現成功的日子也不遠了。

我認爲最低的限度也要實踐一百天。如果實行這個天數以後，你就能驚訝地感覺到「自己已經成爲成功者了」。這種感覺會從心底流竄全身。

我正在快樂地期待著，又有一位大成功者即將要誕生了。

100天

99

現在、當場實行

當我們想做某些事情，有時會受到場所的限制。除非擁有華屋豪邸，否則一般人很難在自己家裡游泳、打高爾夫球，而必須去游泳池、高爾夫球場。如果要玩劍擊，就得配備竹刀與全身防衛器具；如果要打棒球，也要準備手套、球與球棒。

然而，能夠實現我們的願望，並且召喚幸運到來的「般若心經」，完全不需要準備什麼道具，而且隨時隨地都可以進行。

現在、當場實行。你會發現頭腦清晰、身體輕盈，同時打從體內湧現活力，而且這「活力」會一直持續下去。

培養長久的活力，能夠引導你走向成功的「般若心經」，就請你立即付諸實行。

100

想要召喚幸運就要實踐般若心經

如前面所敘述的，光是知道般若心經的效力沒有任何用處，知識不等於力量。知識必須實踐、實行、進行，才能夠召喚幸運。「實行」是唯一的秘法。什麼也不用想，什麼也不用做，只要實踐五大力就夠了。

「今天的運氣眞好啊！」或「今天眞是倒楣的一天，做什麼事情都不順利。」等等，這些好運、厄運難道都不能加以改變嗎？如果命運不能改變的話，那人生就毫無意義。

事先決定好的人生，既無聊又沒有意義。我們的人生是可以改變的，偉大的夢想得以實現。

然而，絕對不能改變的是「宿命」。例如，你出生於二月，如果

你覺得「我最討厭寒冷的季節了，我想出生在暑熱的八月」，豈不是太無理了？

出生年、月、日，還有血型，都是無法改變的。像這種無法改變的事情，你卻在那兒煩惱憂慮，那眞是愚蠢的行爲。

但是，命運卻是可以自由自在地加以改變的，也可以不斷地召喚幸運前來。其方法就是本書一再提及的般若心經的五大力，而你只要實行就夠了。

成長學苑 24

般若心經成功密碼

作者／松本幸夫　　譯者／劉雪卿
主編／羅煥耿　責任編輯／黃敏華
編輯／陳弘毅　美術編輯／鍾愛蕾、林逸敏
發行人／簡玉芬
出版者／世茂出版有限公司
登記證／局版臺省業字第 564 號
地址／新北市新店區民生路 19 號 5 樓
電話／(02) 2218-3277
傳真／(02) 2218-3239〈訂書專線〉・(02) 2218-7539
劃撥帳號／19911841　單次郵購總金額未滿 500 元（含），請加 50 元掛號費
電腦排版／龍虎電腦排版公司　印刷廠／世和印製企業有限公司

初版一刷／2003 年 7 月
六刷／2012 年 7 月

國家圖書館出版品預行編目資料

般若心經成功密碼／松本幸夫著；劉雪卿譯. -- 初版.
-- 臺北縣新店市：世茂, 2003 [民 92]
面； 公分 --（成長學苑；24）

譯自：般若心経 100 の成功法則
ISBN 957-776-510-6（平裝）

1. 佛教 -- 信仰錄

225.7 92009922

黏貼處

大量訂購請洽(02)22183277

世茂好書・豐富心靈

世潮精典・智慧同行

231台北縣新店市民生路19號5樓

世 茂 出 版 社
世潮出版有限公司　收

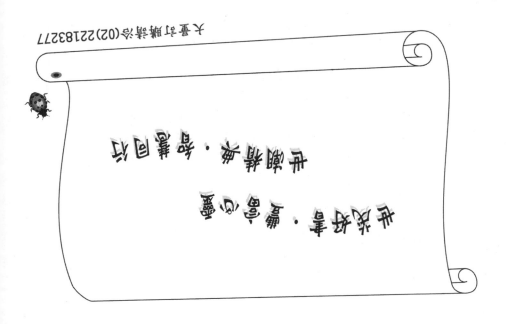

黏貼處

請沿虛線剪下裝訂寄回，謝謝！

讀者回函卡

感謝您購買本書，為了提供您更好的服務，請填妥以下資料。
我們將不定期寄給您最新出版訊息、優惠通知及活動消息，當然您也可以E-mail：chien218@ms5.hinet.net，提供給我們寶貴的建議，我們絕對可以聽見您的聲音。

我們將由回函中抽出幸運讀者，致贈精美書籤明信片乙套。

您的資料（請填寫清楚以方便我們寄書訊給您）

購買書名：______________________

姓名：__________ 生日：____年____月____日

性別：□男 □女 E-MAIL：________@__________

地址：□□□________縣市______鄉鎮市區________路街

______段______巷______弄______號______樓

連絡電話：______________________

職業：□傳播 □資訊 □商 □工 □軍公教 □學生 □其他：______

學歷：□碩士以上 □大學 □專科 □高中 □國中及以下

購買地點：□書店 □郵購 □網路書店 □便利商店 □量販店 □其他______

購買此書原因：___ ___ ___ ___ ___ ___（請按優先順序填寫）

1封面設計 2價格 3內容 4親友介紹 5廣告宣傳 6其他：________

本書評價：____封面設計 1非常滿意 2滿意 3普通 4應改進

____內容 1非常滿意 2滿意 3普通 4應改進

____編輯 1非常滿意 2滿意 3普通 4應改進

____校對 1非常滿意 2滿意 3普通 4應改進

____定價 1非常滿意 2滿意 3普通 4應改進

給我們的建議：..

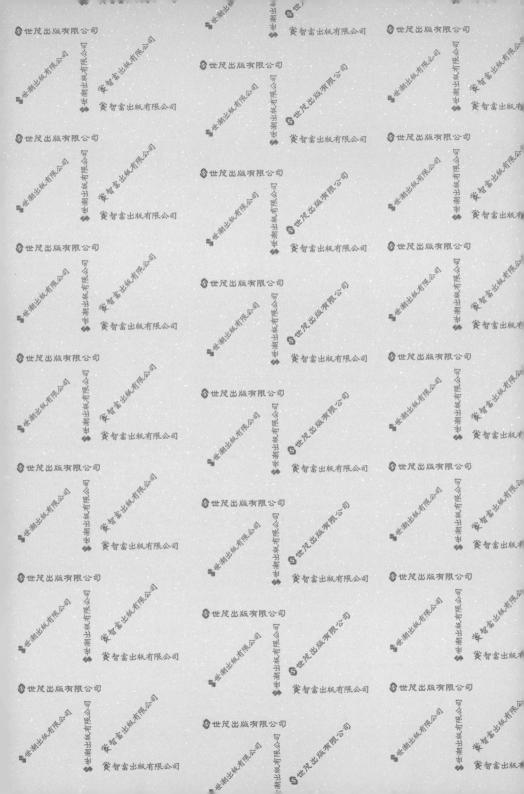